아름다운 안나푸르나

이순희 제3시집

■ **自序**

아름다운 안나푸르나

나무나루(木浦)에서 태어나
한 번도 떠난 적 없는 어머니의 생처럼
분필가루에 닳은 여린 손
깨드득 웃음소리로 가득한 교실에서 40년을
노래한
가시나무 새는
날아가는 꿈을 꾸었다

산은
언제나 묵묵히 거기에 있기에

잠시 머물다 갈 행로
나의 버킷리스트(Bucket list)
시어들이 넘나드는 히말라야 은반의 설산처럼
투명한 빛으로
오르고 또 오르다가

벼랑으로 떨어지던 그 전율, 詩랑 붙어있고
싶었다

안나푸르나
눈인가 구름인가
껴안다 놓치다 홀연히 몸부림치던
그 행로

생 다하는 날까지
너를 향한 그리움 안고 살아가고 싶구나
아직도 차마 발을 떼지 못한 내 詩
아름다운 안나푸르나

2015년 8월
영산강이 보이는 아델리움 창가에서

■ 차례

6 | 自序/ 아름다운 안나푸르나

제1부 깨꽃의 지조

16 | 깨꽃
17 | 해바라기
18 | 생의 한 깊은 밤에
20 | 나 살아있는 한
22 | 회귀하는 풍경
24 | 깨꽃의 지조
25 | 호수가의 단풍나무
26 | 월하정인月下情人
28 | 눈부시게
29 | 꼬막
30 | 배롱나무
32 | 더 낮아져야
34 | 새벽 필드에서
35 | 무언의 허수아비

제2부 노르웨이, 애절한 if

러시아 붉은 광장에 서서 | 38

중국 천문산 파노라마 | 40

캄보디아 타프롬과 스펑나무 | 42

순수의 핀란드 | 44

神이 그린 천자산 십리화랑 | 46

감성의 성페테르부르크 | 48

노르웨이, 애절한 if | 50

네팔 포카라 혜와 호수에서 | 52

그리운 베네치아 | 54

완벽한 우주, 앙코르와트 | 56

베트남 하롱베이를 유람하며 | 58

캄보디아 톤레샵 호수에 떠다니는 | 60

덴마크 행복의 소리 | 62

중국 구채구 물빛 | 63

제3부 안나푸르나 베이스캠프에 서서

68 I 백두산 천지의 함성

70 I 입석대의 일편단심

72 I 한라산 백록담의 물결

75 I 완도 보길도 산행

77 I 안나푸르나 베이스캠프에 서서

80 I 백운산 숲에서

82 I 덕유산 설화 속을 걸으며

84 I 설악산 가을의 속삭임

86 I 황산협곡을 내려 오며

88 I 감동의 푼힐 전망대 일출

90 I 나갈콧 설산의 띠

92 I 마차푸차레 베이스캠프(MBC)

94 I 지리산 천왕봉에 기대여

97 I 안나푸르나 9일간의 트래킹 소묘

제4부 어머니의 별

어머니의 종 | 102
시향 속에 어머니 모습 밟힌다 | 104
어머니의 별 | 106
아흔둘 수묵화 | 108
회귀하는 풍경 · 2 | 110
어머니의 봄 | 112
누런 보리밭 이랑마다 | 114
어머니의 무화과 | 116
목이 길어서 슬픈 메밀꽃 | 117
이마의 별 | 118
안개 낀 삼인산 | 120
껍질인 노모 | 121

제5부 아름다운 동행 · 10

124 | 나로도 풍경의 깊이
126 | 봄의 왈츠 물결치는 청산도
128 | 회진포구를 지나며
130 | 아름다운 동행 · 10
132 | PGJ 연수의 수채화
134 | 삶의 사유
135 | 앵두
136 | 아름다운 동행 · 23
138 | 1월의 길상사
140 | 여수 금오도 비렁길을 걸으며
142 | 불나비
144 | 아델의 달빛 소나타

제6부 꽃무릇 열창

민달팽이 | 148
가을 새벽 필드에서 | 150
꽃무릇 열창 | 152
은빛 학꽁치 | 153
첫눈을 보며 | 154
나무꾼과 선녀 | 156
행복의 사유 | 158
18세 매화꽃 | 159
레일 위로 | 160
이팝나무 | 162
꽃무릇 연가 | 163
부활 성야에 | 164

■ 해설/ 신병은 | 166

깨꽃

해바라기

생의 한 깊은 밤에

나 살아있는 한

회귀하는 풍경

깨꽃의 지조

호수가의 단풍나무

월하정인月下情人

눈부시게

꼬막

배롱나무

더 낮아져야

새벽 필드에서

무언의 허수아비

제1부
깨꽃의 지조

깨꽃

사랑이 이런 것이란다
목숨 같은 순백의 꽃을 피우는

고랑에 오진 마음으로 바람을 끌어 모아
아무리 애가 타도
밭이랑 따라 수많은 그리움의 종을 달고 은은히
울리는
가난과 아픔이 가득해도 끌고 다녔던
어머니의 옷자락에
새긴 눈물꽃

그리워 나에게로 먼 길 달려오는 사람아
흰 빛, 저 부끄럼 없는 지조를

보아요
깨꽃이 한창 피어요.

해바라기

운명의 벽 앞이면 어떻습니까
비바람에 휘어진 허리도
하늘은 생의 줄기에 웃음 옷 가득 키워 내는데

저기 봐요
이 여름도 정오에
떳떳하게 삶을 흡수하는 저 얼굴을

지긋이 눈 감고
고요히, 가슴 속들까지 마음을 텅 비워
번뇌도 내려놓고 아픔도 확 꺼내놓고
환하게 세상을 향해
달콤하게 해를 깁는 따스한
저 영혼

가만가만 인간다워진 맨몸으로 웃음 터트리기 직전
황금빛 저 표정
아, 그대 어쩌자고 웃음만 쏟아 놓는가.

생의 한 깊은 밤에

어둠의 무게 바람에 실려
깊은 상념, 매달린 추처럼
대롱대롱 벗어 날 수 없는 생의 한 깊은 밤에

강 속에 빠져 더 빛나는 고호의 별*
영혼이 빨려 들어갈듯
서러이 흔들리는 밤

어스름 강가 달빛 타고
머언 그리움 어디쯤 오고 있는가

밤이슬에 매달린 눈물꽃을
따스한 영혼으로 데려가는 깊은 샹송의 선율은
한없이 흐르고

내일은 오늘보다 더 행복하리라는
음성 곁에서 흐르는

생의 한 깊은 밤에.

*고호의 별 : VLa nuit etoilee, Arles 〈Starry Night over the Rhone〉 Oil on canvas 1888. 9 「론 강 위로 별이 빛나는 밤」

나 살아있는 한

이제껏 살아오면서 가슴에 가장
처연한 詩였습니다 그대는

달빛이 아련한 나무다리 아래에서 바람에 몸을 흔드는
자줏빛 창포꽃들이 시를 읊조렸습니다
이 시어의 청순함은
어두운 부흥산 그림자 끌어내어 그 아득한 고요가 묻어나
나의 그리움은 달뜹니다
이 연연한 마음은 깊어가는 생의 보랏빛 의미에 대한
나의 충만해진 감정의 빛,
초사흘 달빛이 있어 더 달뜹니다

오늘밤 이 나무다리의 고즈녁한 설렘처럼
사랑이 우연인 듯하면서

존재의 운명이기도한 생의 끈을
견우직녀를 은하수가 이어놓듯
지금 숨 쉬는 이 순간도 가슴이 따스해집니다

'나 살아있는 한
따개비처럼 붙어 등이라고 끌어안고 살겠노라.'

그대여, 내 묘비 가의 그림이
르노와르의 그 어떤 명화보다 더 인상 깊지
않을까요.

회귀하는 풍경

서러움 거스르며
등지느러미 세우고
쉼 없이 생을 달려 온 연어 한 마리

늘 회귀하고 싶었던
소금기 묻은 질펀한 맨살
물풀 안
수채화 같은 고요 속에서
마냥, 그리움을 산란한다

머언 바다 저 쪽에서
순결만 지키다 헤엄쳐 온 시간들
누군가 그리울 때 저렇듯 설랬을까
연어가 심해의 추운 바다 속을 견디며 회귀하듯
우리도 가슴 속 시린 그리움
긴 밤 파도 소리처럼 출렁였을 것이다

파도 꽃의 웃음소리
한없이 등 뒤에서 회귀하는 꿈을 따라

서러움을 가슴에 묻고
등지느러미 낮추며
남은 길 헤엄쳐 가야 할 석양의 우리.

깨꽃의 지조

그대 아프나요?
누가 그대를 아프게 하나요?
소소한 바람에 수없이 흔들리는 가녀린 영혼아

누가 흔들리라 했던가

한 발자국도 다가가지 마오
한 가닥 옷자락도 풀지 마오

발목이 시려도
정수리가 시려 와도
흙 속에 삶의 뿌리를 내리고

설움이 흐르는 젖은 고랑 사이로
아픈 가슴을 끌며
햇살에 맡기는 저 풋잎 따라

어깨춤만 추오
온몸에 깨꽃의 하얀 종을 흔들면서.

호수가의 단풍나무

기다란
허리 아래를 흐은들 흔들
깊이 눌러 쏟아내는
필력

호수 속 불붙는 아궁이
추울렁 출렁 불타듯 빚은
초서

깊어진 영혼
철철 젖은 빛으로
투영되는
뜨거운 사랑의 시.

월하정인月下情人

어둠에 젖어
투명하게 스민 달빛
뺨 어루만진다

달은 기울어 삼경인데
끝없이 내리는 달빛
말갛게 비치는 얼굴

밤마다
화폭이 모자란 듯 넘쳐흐르는
그리움은 자라

정적 속
달빛에 취해
아낌없이 주고 싶은 사랑

달빛 밀려와
쓰개치마 속 젖은 마음
사랑의 시 읊는다

한없이
끝없이
달빛은 내리고.

눈부시게

사랑은 그래요
깊은 서정에 빠지지 않고서 감동할 수 있나요?
달빛 고요에 기대고 서 있는
보드레한 저 영혼의 풍경소리 들어 보셔요

바라볼 수만 있어도 그저 좋은데
어루더듬기도 하고
그리워 아파하기도 하니
점점, 속 뜰까지 닮아 공통분모가 되기도 하지요

둥긋이 환한
부시게, 눈부시게 거기 감동으로 서 있는 이여.

꼬막

갯벌에 젖지 않는 생이 어디 있으리오

뻘배 타고
차진 갯벌에서
조가비 속 들어가
마냥 그 자리 꼼짝없이 살면서
둥근 달덩이 품듯
그득 속살까지 꽉 채운 인내가 키운 자태
꼬막처럼

굵은 고랑 줄줄이 난
깊이 패인 삶도
차진 갯벌 보듬으며
까맣게 멍든 채로 붉은 숨을 쉰다

젖은 생
갯벌의 어둠이 꼬막을 짭짤히 키우듯
그대 짙은 펄내음
밀물처럼 내게로 달려오니.

배롱나무

늘어진 어깨 뼈 마디마다
흔들리며 네 뻗어가는 푸름이 있어
시리던 등 위 하늘빛이 밝다

얼굴을 스치는 바람들조차
저 벌거벗은 등줄기에 닿으면
구멍 숭숭 뚫린 여린 종아리마저
반들반들 빛날 것 같은데

숨 막히고 아린 삶의 뒤안길이라도
어깨를 살포시 안아주면
그 어떤 상처들도 고슬거릴 것 같은데

생이 아무리 따가운 사막의 사래 긴 밭이래도
이것 또한 지나간다며
긍정의 모습으로 그늘을 만들어주는 너

굽은 허리 알몸으로도 바람을 만들어내는
오월의 창가
초여름이 서글서글 넘나드는 배롱나무
고요의 내 사유.

더 낮아져야

막 아파트 가장자리를 돌아서자
허리 통증을 바퀴에 달고
지난 상처를 햇살에 말리며
죽음을 밀어내듯 끄는 리어카

그 안에는 헌 빈 상자, 낡은 책, 종이 부스러기들이
밤새 보금자리 차가운 방바닥을
굼벵이처럼 뒤척뒤척 파스 냄새에 깔고 누운
허리춤에
리어카 핸들이 걸려
뒤뚱뒤뚱 좁은 길을 빠져 나가고 있었다
아침 이슬과 맑은 공기는
눈물겨운 할아버지 등 뒤를 따라가고

이 그림은
다 내어주고도 텅 비우고 비워낸
마지막 잎처럼 흔들리며 걷는

우리들 아버지의 일생이고
가장 티 없는 아름다운 그림이다

다 비운 작은 것이 얼마나 아름다운가?
우리는
더
좀 더 작게 낮아져야 한다
빈 언덕에 낮게 핀 자운영 꽃처럼.

새벽 필드에서

허리에서 발까지 촉촉이 젖어있는 초원
은반의 이슬을 깨우며
둥근 꿈이 날아다니는 곳

어디로 날아갈까
확고한 삶의 샷
눈 감아도 도달해야 하는 깃발 아랫도리를 향한
환희의 울림

한치 앞도 모르는 생처럼
어디 메로 날아갈까
햇살에 닿으면 비상하는 안개처럼
햇살이 웃으면 따라 웃는 이슬처럼

날개를 저으며
날아라
온몸으로 홀인원을 꿈꾸며
걷고 또 걸어
못 다한 내 생의 도전은 아직 끝나지 않았다.

무언의 허수아비

농익은
웅변과
미사여구였습니까?

저렇게 지킨 환한 가을 들판

아닙니다.
저는 보았습니다.
꿰맨 옷에 덮으신 흠집
온갖 풍상에도 당신이 견디신 무언

이제 어깨를 내려야 할 시간입니다
그러나
고요한 빈들이 끝이 아닙니다

어떤 행위보다 눈부신 숨결,
침묵.

러시아 붉은 광장에 서서
중국 천문산 파노라마
캄보디아 타프롬과 스펑나무
순수의 핀란드
神이 그린 천자산 십리화랑
감성의 성페테르부르크
노르웨이, 애절한 if
네팔 포카라 혜와 호수에서
그리운 베네치아
완벽한 우주, 앙코르와트
베트남 하롱베이를 유람하며
캄보디아 톤레샵 호수에 떠다니는
덴마크 행복의 소리
중국 구채구 물빛

제2부

노르웨이, 애절한 if

러시아 붉은 광장에 서서

상처난 몸 곧추 세운 새벽 자작나무숲 달리며
러시아의 붉은 광장 잔영이
셔터에 흔들린다

모스코바 강의 낮은 수심처럼
서비스가 사치라는
클레믈린궁의 붉은 성벽은
산이 없는 모스코바를 우뚝 드높이고

아홉 개의 돔으로 불균형의 조화를 이룬
너무 아름다워 슬픈 성바실리아 성당의 기도 소리
두고 온 노모의 사모곡이 이토록 아프구나

산책문화라는 4Km의 굼백화점 문턱
눈물 그렁그렁한 남루한 여인의
주름진 손에 쥐어준 루블을 거절한 그 의지가
거대한 힘 러시아가 아닐까

      붉은 광장, 끝없는 힘만큼
        불끈 빛화살이 클레믈린궁 돔
          위로 쏟아지고 있었다.

중국 천문산* 파노라마

지나온 삶 내려다보듯
아찔하게 깎아지른 수직 절벽에 머무르기 위해
뿌리 살갗이 꿰뚫은 고통에
몸부림쳤을 저 나무의 푸른 의지, 차라리 서럽다

달빛 속살거리는 천문산 자락에서
'천문호선' 천 년 사랑의 의지
모딜리아니 그림처럼 목을 빼고 본
아련한 채색, 반딧불 풋풋한 춤사위
산의 정기에 취한 밤

가만히 산의 영혼 속으로 귀 기울여 보니
삶의 작은 생채기 아랑곳없이 흡수한 우리네
사랑처럼
신이 내린 축복 아래
파닥이는 언어들, 가슴에 살갑게 기슭을 친다

어디서 솟구쳤나 허공에 무릉도원
차마 손 댈 수 없는 거대한 神의 산
감성이 넘친다
숨 막히는 전율,
　파문

홀연히 떠나와
그리움으로 아픈 내 사랑처럼
이 감동의 후유증 오래도록 앓을 것 같다.

* 천문산 : 장가계 시내에서 8Km 떨어진 해발 1518m의 산으로 하늘에 닿을 듯 사방이 절벽인 귀곡잔도와 카르스트석회암 지형으로 세계 최장 7455m의 케이블카를 타고 40분을 오르고, 걸어서 가파른 999계단을 또 오르면 천연동유굴인 천문동이 하늘로 통하는 문이 열린 것처럼 신비가 충만하다.

캄보디아 타프롬과 스펑나무

 타프롬 사원의 몸에 스펑나무 씨앗이 자라 싹을 틔웠고
 서로 아프지 않으려 자꾸만 몸을 움츠렸을 것이다
 800년을 견딘 시간 얽히고설킨 세월을 되돌리려 해도
 오늘, 스펑나무는 사원을 휘감고 뱀처럼 뻗어나려고 도사리고 있다

 자야바르만 7세가 어머니를 위해 지은 타프롬은
 그냥 짓눌린 채 무게를 견디고만 있다
 곁이 된다는 것이 더 두려울 때가 있다
 하물며 껴안으면서 곁이 된다는 것은,
 타프롬의 보석들은 어디로 가고 구멍마다 신음소리들
 오래된 돌이 갈라지며 스펑나무 뿌리에게 길을 내 주었으리라
 가슴을 치는 한의 방, 울림의 메아리는

섬세한 여성스러움이어 더 아팠으리라
공존하는 나무를 안고 근엄히 서서 몸을 얼마나
비틀었을까

새로움이 오래된 단단함을 무너뜨리는 인간 삶의
애증을 보듯
자신을 파괴하는 줄 알면서도
타프롬은
아직도 의연히 속내를 숨기고
오히려, 곁이 환한 스펑나무를 꼬옥 껴안고 있다.

순수의 핀란드

혹독한 긴 겨울을 이겨 내는
몸 찢어가면서 꿋꿋한 자작나무 끝없는
숲에 들어가 블루베리를 따 먹으라 권유하는
환경지수 세계 1위의 헬싱키

시벨리우스의 '핀란디아'가 바다 곁에서
철썩이는 곳

투르크로 향해 달리는 발트해의 순백의 구름들이
고요하게 반기는
키보다 늘 모자란 마음 넓혀가는 여정의 길

길이 212m의 '실자라인' 2,500개 선실 중
하나에서
발트해를 건널 때
내 좁은 속내 꿰뚫어 보고도 묵묵히 웃는
저 표정
밤 10시에도 환한 백야 현상
오묘하고 낭만적인 풍경 속에 빠져드는

밤 내내 꿈속에서도
축복받은 시간
해가 뜰 때
북유럽의 베니스 스톡홀름에 닿아 있었다.

神이 그린 천자산 십리화랑

수많은 물안개로
해거름 계단이 젖을 무렵
바람 따라 흰 구름은 산허리 껴안고 있었다

우뚝우뚝 솟은 산
절벽의 깊이를 헤아릴 수 없듯
여기서만은 내면의 깊이 알려고 애쓰지 말라한다

영혼을 실은 은밀한 대화
스치는 구름 사이로 먼 길 부르튼 여정의 아픔도
침묵하라
우아함을 자아내는 신이 그린 화랑에서는

절절히 솟은 나무
절벽에 적응하기 위한 삶의 아픔도
신의 화랑 여기서 만은 섣불리 꺼내놓지 못하고
모노레일 미끄러지듯 가야하리

구름을 먹고 자란 저 아슬한 천자산을 보아라
서러움까지도
어깨에 짊어지고

어떤 경우에도 비틀거리지 않으리.

감성의 성페테르부르크

모스코바에서 땅거미를 밟고 1시간 반 날아온
성페테르부르크 공항 앞에는
현대차 에쿠스 화면이 BMW와 어깨를 나란히

네바 강가에 310년 전 피터대제가 세운 도시라니
도시 전체가 세계 문화유산이라니
운하를 끼고 300개의 다리로 이어진 서정적 건물에
꿈틀거리는 러시아의 힘을 명징하게 부각
눈의 환희가 가슴팍까지 파고들어
별을 수태한 여인처럼 끓어 넘치는 격정
그 사람의 신을 신어봐야 그 사람을 알 수 있듯

서정적 자아
가부좌를 튼 러시아
새로 돋는 별길 여름 궁전을 걸으며
피안이 이런 곳일까
금 100t 성이삭 성당의 거대한 神의 품안에서

렘브란트의 '돌아온 탕자'
무릎 꿇는 감성
아직 네바강 따라 철썩이고 있다.

노르웨이, 애절한 if

스칸디나비아 반도를 8시간 올라와 오슬로에서
마른 마음을 데워 따뜻한 불을 지피기 시작했다

시청사 내부
뭉크의 '인생'이 벽에 붙어
김대중 노벨평화상 받은 감사 선물 금거북선이 진열되어
비겔란이 20년 동안 조각을 얼마나 미치도록 사랑했으면
그 의지가 운명 같은 조각들을 빚어낼 수 있었을까

릴레함메르, 아리따이 치장한 스키점프대로 가는
끝없는 100Km 메사호숫가 도로의 풀꽃들과
'if'가 노르웨이 최고의 가수 시셀의 음성에 실어
행복한 시간으로 몸을 풀고
비바람이 서성였지만
발이 떨릴 때보다 이리 마음이 떨릴 때 여행해야
한다고
호수 속에 젖은 생애를 끌어 올린다

산허리 안은 물안개 피어오르는 산중턱에 하얀 집
메사호수가 잔잔히 흐르는 초원 양떼들 풀을 뜯는 곳
8월의 어느 멋진 날에 지상천국이 이런 곳일까

오래도록 미지의 노르웨이 솔베이지의 한이 서린
지상천국에서
잠시 머물다 간
애절한 'if'의 후유증으로 가슴앓이 할 것 같다.

네팔 포카라 헤와 호수에서

눈을 뜨자 커튼 사이로
이국의 야자수 나무가 두 팔을 호텔 3층까지 너푼히 펴고
빨간 부겐베리아의 웃음 지나
그 건너 멀리 마차푸차레 설산이 흰 꼬리를 내밀어 쳐다보고 있었다

바라히호텔 가까이에 헤와 호숫가
비둘기로 가득한 힌두교 사원이 흔들린다
흔들리지 않는 삶이 어디 있으랴
잠시 구름에 가려 보이지 않더라도
저기 마차푸차레가 설산으로 서 있듯
삶 속 어디쯤에 행복이 숨어 있으리라
구름이 걷히면 흔들리는 호수 속에 거꾸로 피어날 설산처럼
서서, 자꾸만 가슴 넓혀야 한다고 외치면서도
주홍 구명조끼 부여잡는 왜소한 나

자기 키 길이의 보트를 저으며
캡틴이라 불러 주라는
행복지수 가득한 네팔 청년의 검붉은 웃음을
나도 가졌는가.

그리운 베네치아

누군가 손만 내민다면 슬며시 잡을 베네치아

1500년 전 물에 잠긴 118개의 작은 섬에 150여 개 운하 400개의 다리가 이은 출렁이는 물의 도시 베네치아, 2m 폭 수로의 골목 바닷길을 물결 따라 오르락내리락 사랑을 속삭이듯 곤돌라를 타고 오랜 세월을 안은 낡고 고풍스런 건물 사이를 비집고 노 저으며 미풍에 실려 오는 베네치아 뱃노래 들으며 그지없이 떠다녔다

마음의 눈으로 열린 도시 베네치아 바이런과 괴테가 즐겼다는 1720년에 문을 연 카페 플로리안 세계에서 가장 아름다운 응접실이라는 달콤한 클래식이 가슴에 절절이 울리는 곳, 비둘기들이 내 손에 안기던 낭만의 산마르코 광장 비잔틴풍 성당의 크리스탈 모자이크 벽화들 피카소 샤갈 칸딘스키 작품도 만나고

가장 높은 곳에서 가장 낮은 마음으로 비둘기들과 같이 앉아 나그네 되어 날아온 길에서 바람이 되려고 꿈에도 그리던 베네치아를 찾았다 나를 찾았다 삶, 사랑 여기서부터 새로운 마음으로 베네치아 바다에 이는 바람 소리와 아드리아 해안 금빛 물결에 내 영혼을 빼앗겼던 곳

누군가 손만 내민다면 슬며시 잡을 것만 같은 그리운 베네치아.

완벽한 우주, 앙코르와트

영순위 관광지라는 명성처럼
자줏빛 수련이 핀 연못에 빠진
앙코르와트의
중후한 자태는
긴 세월의 켜를 녹여내고
디카의 렌즈를 통과해 글자 없이도 바로
詩가 되는 곳
야자수 열매 주렁주렁 들고 물로 마시는 곳
작은 도마뱀이 기어다니고 원숭이가 뛰노는 곳
바라보기만 해도 완벽한 여기가 천상인가

캄보디아 씨엠립 북부 돌로 만든 12세기 고대 사원 1.5Km-1.3Km 인공호수에 둘러싸인 신비 그 자체, 사원의 벽화에는 전설과 경전, 천지창조, 천국과 지옥, 압사라의 춤사위, 이천 여신의 포즈, 왕의 행렬, 전투 등 줄거리가 있는 섬세한 작품 840m가 부조되어 먼 과거

속을 본 듯 돌을 다듬어 이렇게 만들다니 불가사의한 비밀을 품은 듯 인간이 신에게로 오르는 신성한 과정인 듯 75도의 가파른 3층 계단을 오르면 연꽃 모양의 한 개 중앙 탑과 네 개의 봉우리가 완벽한 대칭으로 머리에 삼각모자 논을 쓰고 저울의 중심 같이 어깨에 맨 가잉처럼 눈으로 보지 않으면 알 수 없는 캄보디아인의 생, 소금꽃 피우는 뜨거운 사랑처럼 적도부근 무더운 자연에서 본 고대 유적의 가슴 벅찬 매력

  화려한 문화 다시 꽃 피울 그날, 다시 오고 싶은 앙코르와트
  神에게 가까이 다가가고 싶을 때
  완벽한 우주, 앙코르와트에 다시 오리라.

베트남 하롱베이*를 유람하며

외롭지 않으면 길을 떠나지 않는다는 것을 안 듯
 하롱만 홍가위 다리가 보이는 해변가 반다이
호텔 베란다에서 보니
 외줄의 람보 악기 선율처럼 하롱베이 섬들이
막 손짓했다

잔잔한 왈츠가 흐르는 바다
이곳은 어디를 보아도 詩가 되는 곳
용이 보석과 구슬을 품은 것이 바다로 떨어져서
오, 저런 절경의 기암을 빚어냈나

구명조끼보다 더 든든한 곁이 된 어깨로 달려 간
호수 같은 바다 항루안,
푸른 수묵화 같은 고운 바닷결 위
꿈처럼 이 곳 무릉도원에 떠 있는데
나는 몇 번의 키스 바위에 젖어야 저 비경 같은
詩를 쓰나

막 살아 헤엄쳐 나갈 듯한 다금바리회 쫄깃함과
망고, 두리안, 매, 얀, 바나나, 촘촘이, 용과, 자몽의 열정이 주렁주렁한
행복지수가 높은 베트남 여인이 되어
수 겹겹이 포개진 낙타 등 닮은 절묘의 섬들에 취해
대나무 삼각모자 논을 쓰고 하롱베이를 유람하며
오늘도 에메랄드빛 바다 위를 출렁, 출렁이며 흘러가고 있다

그래,
나는 결코 혼자가 아니라는 것을 알 때까지.

* 하롱베이(下龍만) : 베트남 북부, 석회암 지역이 풍화 작요에 깎인 크고 작은 3,000개의 기암괴석과 섬들이 유네스코의 세계 자연유산으로 지정되었으며 마치 조각품의 명작을 감상하는 것 같은 섬들의 경관은 태양의 위치에 따라서 빛이 변하고, 비나 안개에 의해서 또 다른 정취 있는 분위기를 자아낸다.

캄보디아 톤레삽 호수*에 떠다니는

톤레삽 호수는
참으로 맑은 영혼이 외로움 조차도 모르며
떠다니는 곳이다
내가 놓아버린 것과
내가 손잡고 있는 것을 사유하니
그 무엇을 얻기 위해 노 저어 왔는지 알 수가 없다

얼마나 많은 시간들을
집착의 물보라에 흘려보냈으며
53평에서의 시상은 나무줄기로 만든 수상가옥처럼
평온을 가졌는가
1달러를 외치며 쏜살같이 노 저어 온 쪽배처럼
흔들리며 다른 배전에 부딪혀 봤는가
벌거벗은 깡마른 등으로
휑하니 쳐다보는 까만 눈동자를 보고서야 나는
알았다

과연 그 누가

　인생의 진실과 욕망의 두께를
　저울질할 수 있단 말인가
　어쩌면 손바닥만 한 배에 실려
　고요의 수채화만 그리는 저 해맑은 영혼이
행복인지 모르는 것
　동양 최대의 호수
　톤레삽도 우리네 인생처럼 어디까지 노저어 가야
끝이 보일지 아득하다

　황토 빛 호수의 정화를 위해 떠있는 부레옥잠
밭처럼
　시집을 배낭에 메고
　톤레삽을 떠다니는 촉촉한 영혼 되어 시를 읊고,
또 읊으며 살고 싶다.

　＊톤래삽 호수 : 동남아시아 인도차이나반도 동남부 시엠
　　립시에서 남쪽으로 15Km 지점에 있으며 길이 150Km,
　　너비 30Km로 동양 최대의 호수이며 크메르족과 베
　　트남족이 호수에 집을 짓고 살고 있다.

덴마크
행복의 소리

덴마크,
링스타드 해변의 요트가 발트해를 건너는 꿈꾸는
소리 듣는다

코펜하겐의 거리를 43%가 인구가 달리는 자전거들
맑고 투명한 저탄소 도시 만드는 타이어 구르는
느림의 미학 소리다

18세기 풍의 알록달록한 건물들의
니하운 항구를 들여다보니
안데르센 동화가 흐르는 고운 소리다

삶의 기대는 땅처럼 낮게 행복지수는 하늘을 닿는
해변의 햇살 따스이 받아들이는 살갗의 소리다

60%의 세금을 내어도
모두 다 같이 행복하니 불만이 없다는 배려의 소리가
긴긴 겨울의 빙산도 녹이는 소리
연어의 주황빛 참 따스한 긍정의 소리다.

중국 구채구* 물빛

 구황공항 머리 위 해발 3580m 안개구름 속에서 3회 돌다가 불 착륙, 성도공항 갔다 리턴 다시 구황공항으로 날아와도 2시간 딜레이는 정상이라고 고산반응 잘 견디듯 중국인들, 원성을 잊은 인내가 거대한 중국의 힘일까

 '구채구 물을 보면 다른 물은 보지 않는다.'

 중국인들이 가장 여행하고 싶어 하는 곳 神이 손 자락 스치는 곳마다 때 묻지 않은 원시비경 수직으로 솟은 산 속 골짜기 안에 9개 티벳마을이라 구채구, 1일 1만 명 관광객 중 한국인은 80명 400대 셔틀버스가 핏줄처럼 이동하는 곳

 떠도는 구름 가슴에 품었으니 수심 40m 깊은 장해, 에메랄드빛 호수 속 산천어의 춤은

느림이 아름답다고 일러주는 몸짓 3500m 산이 토해내는 향기 마음에 품었으니 가장 환상적인 빛 오채지, 구름인가 설산의 눈인가 물구나무 선 산 빛이 더 고운 초록빛 호수, 산빛을 따라 촉촉한 눈 바위에 제 몸 부딪혀 하얀 진주알 피어내는 진주탄 폭포, 비 내리는 구채구의 호숫가를 거닐며

삶은 영리를 목적으로 하지 않아도 좋다
가슴과 영혼이 부르는 여정
자연은 자연을 필요로 한 사람의 것
다시는 돌이킬 수 없는 이 시간들

새는 날아가면서 뒤돌아보지 않듯
과거는 묻지 말자
속 깊은 구채구를 보았으니.

* 구채구 : 티베트 동부 험준한 탕글라 산악지대를 지나면 사천성이 있고 사천북부에 1992년에 유네스코 세계 자연유산으로 지정한 티벳 장족의 9개 마을 구채구(九寨溝)가 있다. 만년설을 이고 있는 해발고도 3,500m에 위치한 구황공항에서 내려 보석이 박혀 있는 듯 천혜의 카르스트 114개의 호수 중에 2995m에 있는 에메랄드빛 오채지, 진주빛의 진주탄 폭포 등 미인의 속살 같은 꿈의 선경들이 환상적 풍경을 자아낸다.

백두산 천지의 함성
입석대의 일편단심
한라산 백록담의 물결
완도 보길도 산행
안나푸르나 베이스캠프에 서서
백운산 숲에서
덕유산 설화 속을 걸으며
설악산 가을의 속삭임
황산협곡을 내려 오며
감동의 푼힐 전망대 일출
나갈콧 설산의 띠
마차푸차레 베이스캠프(MBC)
지리산 천왕봉에 기대여
안나푸르나 9일간의 트래킹 소묘

제3부

안나푸르나 베이스캠프에 서서

백두산 천지의 함성

드디어 섰노라
천문봉 2670m
심양, 통화, 북파산문을 거쳐

보고프던 임 옷자락 스치듯
바람에 살포시 구름이 밀려가면
순간, 섬광처럼
시리도록 해맑다 못해 처연한 천지 모습 보일 때
함성이 터져 나왔다

신의 심장,
신의 자태가 이런 모습일까
하늘과 구름을 가슴에 안은
청아한 얼굴
여기서만은 생의 아픔 다 품어 주시리라

빽빽한 자작나무 숲 지나

가파른 산을 오를수록
모진 바람 이겨내며 웃는 자잘한 풀꽃처럼
그 어떤 삶의 생채기에도
몸을 낮추며 살기

아무에게나 허락되지 않는 축복의 숨결
밤마다 별빛과 달빛을 품은
심연,
저 神의 음성 기억하리라.

입석대의 일편단심

바람이 데리고 간 안개도
눈보라도
실타래처럼 얽힌 감정들도
다 흘려보내는 무등의 산등성이를 보라

아무리 비우려 해도
한발 한발 다리의 무거움보다 힘든 것은 마음의
무게
무엇을 못 믿어 애를 끓는가

장불재에서 만난
살아 천 년 죽어 천 년 주목나무로 살자던
푸르름이 곁에 있는데

행여 바람에 넘어지기라도 할까
우뚝
절제로 버티고 서 있는
입석대
1017m 수려한 일편단심의 파노라마를 보라

눈에 담고 가슴에 담고
어느 바람이 불어와도 흔들리지 않으리
입석대 앞에 찍힌
단심
기상의 함성 귓가에 들려오지 않는가

별이 타 없어질 때까지
거기 그대로 서 있을 우리 닮은 입석대여.

한라산 백록담의 물결

싸목싸목
가슴 깊은 곳을 두드리는
진달래꽃 화사한 떨림
굽이치는 탐라의 연둣빛 초목 소리들
바람이 밀었나
구름이 흘렸나
조금씩 산의 중심을 깨우며 오릅니다

새벽이면 신께 드리는 주기도문처럼
고요를 끌어내는 구상나무의 빈 옷깃들
세찬 바람에 옆으로만 뻗은 팔 앞에
감히, 내 저린 발목이 옆구리를 지나 목울대
까지 차오르는 아픔을
무어라 표현할 수는 없지만
'백록담 물결'
심장 깊은 곳에서 다투어 피어나는 푸른 빛 환희를

삶의 그림자 흐릿해질 때
곁에 두고
저 따스하고 청정한 한라산의 품속을 또 걸으며
힘들수록 더 빛나는,
발꿈치 부르틈 있어 더 벅찬 18.3Km 10시간
산행을 기억하리

누구의 붓이
이처럼 눈부신 은유의 출렁임을 펼치고 있는가.

74 아름다운 안나푸르나

완도 보길도 산행

어둑새벽, 배낭에 설레임을 달고
격자봉 산마루에 오르니
정글 숲 사이로
은빛 바다가 엿보이는
안개 스멀스멀한 보길도가 누워있었지요

태고 때부터 파고에 닳아
"둥근 긍정으로 살라."는
온유의 깻돌
예송리 초승달 해변은 수채화를 그리고 있었지요

이곳은 사람의 손이 타지 않아
이끼 낀 바위와 원시림에 붙은
자잘한 콩난의 심장이
콩당콩당
누군가를 기다리듯
그리움으로 뛰고 있다는 것도 알았지요

서로의 정수리를 맞댄
동백나무 웃음꽃이 번지는 터널 속을 걸으며
보라 투구꽃 닮은 우리들의 대화는
오솔길을 따라 이어지니

저기 봐요
세연정 연꽃의 순결은
하얀 허벅지를 물 위로 끌어올리는
어부사시사가 귓전을 간지럽히는 곳

석양의 선상에서
우리들의 가슴,
노을빛으로 함뿍 취해 돌아오는 길에
완도 보길도가 자꾸만 자꾸만
뒤 따라 왔었지요.

안나푸르나 베이스캠프에 서서

묵묵히 서서 태고 그 자리
은빛 날개를 펴고
안나푸르나! 안나푸르나!
속울음 참고서서
삶의 시린 발 녹일 줄도 모르고
눈부신 꿈 버티고 서서
구름인가 눈인가
껴안다 놓치다 홀연히 몸부림친다

결연한 자태로 서서
얼음꽃 피우는
저 만의 삶
얼마나 더 깊고
얼마나 더 고독한
비밀을 간직해야
저토록 장엄한 설산의 자태를 보일 수 있나

안나푸르나 닮은
의지의 내가 될 수 있나

6일 동안, 매일 6-7시간 걸어
4,130m 올라 와서야 감동의 눈시울 적시는
축복의 시,
안나푸르나 곁에 자란자란 얼어
몸 굳어도 좋으리.

안나푸르나 베이스캠프에 서서

백운산 숲에서

백운산 이곳에 발이 닿으니
서어나무 아래 웃음소리 들려온다

부대끼던 세월을 딛고
불덩이 같은 삶
지난여름, 속이 뜨거워도
팔월 스무 여드레 이쯤이면
가냘픈 목 세워
오르는 발길마다 물봉선이 보조개 피운다

채워도 때론 슬픔이고
비워도 때론 기쁨인
아픈 숨소리,
하나쯤 없는 산행 어디 있을까

'정상을 쉽게 내어주는 산이 없다.'고

표지석 곁에서 산오이풀꽃이
말을 건넨다

1,218m에서 바라본 저 운무의 향연,
정수리의 통증이 키우는 빛이 너였구나
발가락의 부르틈이 키우는 힘이 너였구나.

덕유산 설화 속을 걸으며

설화 춤추는 계절
몇 바퀴 돌아왔을까

'뽀득 뽀드득'
흰빛 깨꽃 종을 울리며
삶의 설운 고랑 지나 서성이며 걸어
향적봉 1,614m
하늘하늘 풀어놓은 저 영롱한 나목의 설화

아득한 첩첩 능선의 숲
나목의 순수
이 고요를 어찌할까
눈웃음 머금고 떨고 있는
중봉은 흰 백지처럼 마음을 비우고 서있었다

멀리 일렁이는 꿈인가
생의 사유인가
동업령에 서서 보아라

숯으로 스케치한 듯 산마루의 잔잔함이
은유의 꿈을 달고 하늘로 날아오른다

영하의 온도 안으며
살아 천 년 죽어 천 년 주목,
생의 허물이나 상처도 다 안은 산자락
계곡 아래 잔가지들은
여린 바이올린 선율로 흐르니

차가움을 견디는 것이 나목만이 아닌 것을
온통 비우는 것이 겨울 산만이 아닌 것을
흰 눈을 밟으며 걷는 이여
우리가 남긴 발자국은 뒷사람의 길이 되는 것*을
아는가.

* 서산대사의 시(詩) '답설야중거(踏雪野中去)'
　금일아행적(今日我行跡)—오늘 걷는 나의 발자국은
　수작후인정(遂作後人程)—반드시 뒷사람의 이정표가 될지니

설악산 가을의 속삭임

속삭이고 있었다

대승령 계곡 내려오다
부르는 소리 있어 뒤돌아보니
단풍 어깨마다 애틋한 웃음소리 들려온다

몸 데인 나뭇잎들의 최후의 만찬인가
붉은 볼 비비며
사랑의 온도 높이고 있지 않는가

불이 붙은 몸 새빨갛게
타올라 그만 숨이 막힐 때의
황홀함
그대 눈빛도 불그스름 취해 있구나

출렁이는 가을의 신비
내설악 끝자락 11.5km 7시간 시린 발의 아픔도
복숭아 폭포가
다 흡수해 버린 공간 속에서

보고픔을 붙잡듯 계곡의 난간을 붙잡고
십이선녀탕 아래
다문다문 지나는 결고운 바람은
해종일 젖은 그대 눈빛에
흐르는
'가을의 속삭임'이어라.

황산협곡을 내려 오며

밤새 일군 숨결 그리움이 돌아오듯
산의 절경
어디서 숨어 울다 운무로 피어오른
돌산의 **뺨**에 뿌리를 내리며 얼마나 아팠을까
차라리 서럽다
면면히 흐르는 우주신비
72개 봉우리들이 일어서는 소리, 소리들

길 잃은 양이 찾아가듯 산허리를 안고
수십 번의 S자 내리막길
내 몸이 먼저 기울어져야 쉬이 내려가듯
삶의 가파른 협곡도 내가 아파야 통과할지니
난간을 붙잡고
다리를 옥여 걷다가
히뜩 순간 내려다보니 아찔한 절벽 사이
전율,
파바로티 카루소*가 흐른다.

저 높은 산맥을 보고 협곡을 보아라
살면서 가장 이겨 낼 수 없는 것 중 하나인 자신도
삶의 슬픈 곡예도
자신을 넘어선 명상이 기도가 된다는 것을 아는데
소요된 아픔의 시간을 얼마나 견뎌왔을까
神도 우리도 알고 있다

속 깊은

황산을 보았기에

* 카루소(caruso) : 카루소는 이탈리아 출신의 엔리코 카루소(Enrico Caruso)를 추억하는 내용의 칸소네. 루치아노 파바로티는 호세 카레라스, 플라시도 도밍고와 함께 세계 '3대 테너'로 불리고 전 세계인들로부터 큰 사랑을 받았으며, 파바로티는 전율이 느껴지는 고음과 미성으로 '천상의 목소리'를 가졌다.

감동의 푼힐 전망대 일출

별이 창문을 두드리는 소리에 깨어
고라파니 롯지 새벽 4시
랜턴 빛의 긴 세계인 행렬에 끼어
적막을 수직으로 헤치며
사발만한 북두칠성을 머리에서 이고
가쁜 숨소리 3시간 긴장으로 푼힐 전망대에 올랐다

세계 곳곳의 트래커들이 한마음으로 숨죽인 순간
슬몃, 핏빛 불덩이 순산
다비피크, 다울라기리, 뚜끄제피크, 릴기리,
안나푸르나 2봉, 남봉, 힌출리, 마차푸차례
붉그족족 물드는 설산의 띠
파노라마 속에 얼비친
글썽글썽 눈물을 닦아주시던 정갈한 어머니 손길
사무친다

너무 부셔 눈을 뜰 수 없는 산맥을 보며
그 어떤 어둠의 소용돌이 속에서도
이 자리
이 우주의 빗장에 취하듯
저 설산의 띠에 기꺼이 묶여
신의 축복에 이제는 눈 멀어도 좋으리.

나갈콧 설산의 띠

왜 히말라야를 세계의 지붕이라 했는지
여기와 서니

네팔 수도 카투만두에서 나갈콧으로 1시간 오는 동안
전기줄이 거미줄처럼 얽혀져 있고
먼지가 안개처럼 자욱한 도시
차선이 없는 길에도 자동차와 오토바이가 배려하며 달리고
경사진 길을 스스럼없이 올라온
2,200m 나갈콧은 광활한 세계였다
왜 50루피의 돈에도 히말라야 산이 그려져 있고
두개의 뿔을 단 양이 서 있는지

민요 '레쌈뻴리리' 날아갈까 산에 있을까
가이드 기솔의 어둔한 한국말 해석으로
네팔인의 힘, 산을 보았다

11월의 끝자락에도 울레리는 벚꽃이 분홍 물들이고
 그 무거운 배낭을 메고 산을 맨발로 오르는 낙바의
발뒤꿈치가 굳은
 달밧을 손가락으로 먹으며 행복해 하는 셔어먼
 한 발 뒤따르며 넘어질 것 같으면 내 어깨를 잡아
주는 기링
 작은 초콜릿 하나도 쪼개어 먹는 포터들
 순수한 눈과 배려의 마음이 녹아 흐르는 정은
 최고의 히말라야 정기를 받아서 이리라
 산만이 높은 것이 아니다
 히말라야인의 나눔이 바로 설산의 띠처럼
 은빛 허리를 펴고 꼿꼿이
 나갈콧처럼 신성神聖으로 버티고 서 있는 것이다.

마차푸차레* 베이스캠프(MBC)

늦가을 먼데서 더디게 온 것이다
엿새 동안 삐걱거린 무릎 달래며
가까이 다가갈수록 꽁꽁 얼어붙은 설산이 키운
저 순수
어둠도 절망도 없이
별을 안고 달빛 보듬어
더 눈부신가

어느 생애 또 다시
저 눈 속의 물고기 꼬리 만날 수 있을까
아무 색깔도 기교도 없이도
은빛 너울 속 물고기 마냥
      살갑게 꼬리 흔들며 나를 깨우는
      너 닮은
      서러운 세상 거꾸로 매달려도
      울음의 속내 감추며

삶의 의지 앞으로만 헤엄쳐 가는 너 마냥
저 영혼이 희디흰 속살

생의 무게 다 내려놓고 살아라
神의 곁으로
"마차푸차레!"
신성의 선율 들려오고 있었다.

* 마차푸차레 : 마차푸차레(Machapuchare, 6,993m)는 네팔 북부에 위치한 안나푸르나 산맥 끝에 위치한 히말라야 수천 봉우리 중 가장 아름다운 봉우리로 휴양도시 포카라 북쪽 약 25km 떨어진 곳에 있다. 두 개로 갈라진 봉우리 모습이 물고기의 꼬리 모양을 하고 있어 '물고기의 꼬리'라는 뜻이다. 히말라야 유일의 미등정 산으로도 유명, 1957년 지미 로버트의 영국 등반대가 정상 50m 앞두고 실패, 네팔인들이 신성시 하는 산으로 등반이 금지되어 있다.

지리산 천왕봉에 기대여

보름 달빛이
1,450m 법계사 삼층 석탑에 젖어드는 밤
삶의 남루함도 수락하라는
풍경의 울음 깊어가는 밤

로터리산장에서 새벽 4시에 눈 떠
울울한 세상살이 달군 빛
랜턴에 의지한 채
아스라한 바위길 오르막
심장의 펄떡거림에 비례한 아픔을 곰삭히는
그 발돋움들

가슴에 산을 품은
하늘로 가는 자만이 통과할 수 있다는
통천문 지나
바위틈 천왕샘 한 모금에 투명해지는 영혼

숙연하다,
지리산 천왕봉 1915m에 앉아
해를 기다리는 사람아
어두운 하늘이 넌출거리는
불그스름한 희망의 두께를 차마 무어라 이름 부를까
저 찰난
저 절창
온 누리를 투시하는 파문, 불타오르지 않는가

볼에 촉촉하게 다가온
햇솜 같은 운무가 파도처럼 흐르는
깊고 또 깊어서 결곡한
저 능선들의 장엄한 파노라마
신이 불어 넣은 신비의 끄나풀 하늘까지 닿을 듯

산그리메, 내려다보다가 이내 서러워져

서슴없이
보랏빛 꽃향유 가슴에 품고
살아 천 년 죽어 천 년 제석봉 주목으로 서서라도
산에 기대여 살리라
산을 걸으며 꿈꾸리라.

안나푸르나 9일간의 트래킹 소묘

눈 뜨면 걷기 시작하는 6-7시간의 트래킹
한발 두발 정수리를 달래며
인내가 등 뒤에서 땀으로 시냇물 되어 적시는
그래 지금은 모두가 백지다
세상사 다 잊고 다만 고산을 일군 다랑논들과
히말라야의 숲과
옥빛 시냇물과 아바타 원시림의 나울거리는
천 길 협곡의 수채화
시냇물의 화음에 귀를 적시며
돌계단 사이에서 잔잔히 웃는 앵초, 커다란
천사의 나팔을 울리는
야생화가 동행한 길

촘롱 1600 계단을 S자형 그리며 오르내리는
당나귀가
허리에 무거운 짐을 싣고
고산의 등성이를 넘나드는 곳

꽃 가득한 롯지, 옆방 소리가 들리는 베니어판 벽과
　침낭으로 내 몸의 온도 내 스스로 높여가며
　커다란 별과 달빛에 젖은 청아한 설산의 자장가에 취해
　잠든 9일간의 히말라야의 밤

　순한 나귀와 몸 스치며 사람도 자연과 친화되라
　동네 마을길로 이어놓은 트래킹 코스
　캔디 달라고 손 내미는 피부가 검어 눈이 더 해맑은
맨발의 아이들
　한 칸 흙벽의 초로에서
　오랜 원시 농업을 마다하지 않고
　조를 밟는 검정소가 입에 너구리를 달고 주인의
채찍에 맞춰 돌며
　흙바닥에 앉아 도리깨로 조 껍질을 털어내는 여인
　이마에 붉은 석류만한 동그라미를 붙이고 망토와

치렁한 치맛자락에 웃음을 달고
갈등이란 단어는 아예 없는 듯 느린 걸음걸이

오르고 오르면서 보는 히말라야의 풍습이 있어
다랑논의 줄그은 경계에서 들려오는 이야기를
들으며
9일간의 트래킹은
좁은 이마에 끈(남로)을 매고 무거운 짐을
나르는 히말라야인의
그 인내가 등 뒤에서
자꾸만 밀어주어 가벼이 걸을 수 있었다.

어머니의 종
시향 속에 어머니 모습 밟힌다
어머니의 별
아흔둘 수묵화
회귀하는 풍경 · 2
어머니의 봄
누런 보리밭 이랑마다
어머니의 무화과
목이 길어서 슬픈 메밀꽃
이마의 별
안개 낀 삼인산
껍질인 노모

제4부

어머니의 별

어머니의 종

금호도* 호숫가에
깻단이 바람에 몸을 의지하듯
요양사의 등에 업혀
둥둥 떠가는 가벼운 뭉게구름이었다
여든아홉 어머니는

눈물 머금은 채 글썽거린 웃음은
금호도 호수에 빠진 햇살이었다
일곱 자식 그 누구도 기억 못하지만
짓무른 눈으로 자꾸만 응시하며
느그 아부지 자마리*처럼 앉았다 가셨다
아버지를 그리는 흰빛 지조의 버팀목이
오늘도
종일 한 평 침대 위에서
금호도 언덕에 핀 깨꽃의 종을 치고 계셨다.

*자마리 : 잠자리의 전라도의 방언
*금호도 : 전남 해남군 산이면 금호리에 속한 섬이었으나 1996년 방조제로 연육됨. 면적 4.02㎢이고 해안선 길이가 11.7㎞ 최고봉인 금성산이 186m로 경사가 완만한 구릉지로 됨. 해안의 서쪽은 암석. 북쪽은 금호해수욕장이 있고 금호분교 앞에 호수가 있다.

시향 속에 어머니 모습 밟힌다

울 엄마 일기장 같은 쪼그라든 손바닥
닳도록 씻어 만든 반찬 힘으로
온종일 20평 교실 안에서 노래하던 종달새는

둘째가 하얀 이 돋을 때
밤이 새까만 옷 입어야 마무리된 집안 일
실눈으로 밑줄 그으며
끄덕끄덕 시집에 방아 찧고
시향詩香을 떠나선 살 수 없을 껴
수 해 쏟은 은유가 어느덧 시집되어 날았다

낯선 언어 찾아
그렇게도 글 수레 끌던 나,

지금 울 엄마 아름다운 병원 침대
희멀건 눈빛으로 나를 바라보는 모습 위에
그 때 나물 고등어구이 물김치들

가만히 식탁 위에 놓고 가신 뒷모습이 겹쳐
<u>흐르고</u>

책이며 옷가지며
난 소유한 것들이 너무 많은데
앞에 앉은 딸의 얼굴 잊은 것도 모르시고
화장지 조각들을 모아
자꾸만 주머니 속에 넣으시던 무소유의 모습이
이 밤 책갈피 시향 속에 젖어
자꾸만 눈에 밟힌다.

어머니의 별

낯설은 언어가
윤기 말라 가느다랗다 못해 푸르스름한 입가에서
옹알옹알 실타래처럼 풀려 나왔고
한 평 침대 모서리에 쭈그리고 앉아
슬픔처럼 입가에서 흘러나오는 노래 가사는
삶의 애달픈 기록임을 깨달았습니다

지치지도 않는 어머니의 일기장 같은 입담들은
해를 보고 시작하여 달이 떠도 계속되었기에
그 쉼 없는 옹알이는 간호사도 잠재우고 있었지요
숯다리미 위 시든 불꽃처럼 표표히 꺼져가는
어머니의 얼굴은
서글프다 못해 처연했습니다
어쩌면 어머니는 아픔 속에서 아픔을 건져 내듯
견딤의 사유를
그토록 밤새워 실타래를 풀듯 옹알이 하셨는지도
모릅니다

자신이 누구인지도 모르지만
생애 못 다한 자화상을 찾는 처음의 꿈이었으면
좋겠습니다
잃어버린 모서리를 채우며 차오르는 보름달 되어
은빛 사래 긴 밭 가슴으로 건너갈 때
어머니의 멍에자리 별이 되어 하늘까지 닿았습니다.

아흔둘 수묵화

세월의 모서리에 닳아진
얇아진 어깨
칠 남매 키운 옹이가 곰삭아
얼굴에 핀 소금꽃

두꺼운 꽃게 통처럼
다칠세라 안아주시고
게살처럼 그 달콤한 속내로 다독이시던
푸르던 등은
물기 잃고 누운 아지 구이처럼
비릿한 촉수로
자꾸만 물기 젖은 닻처럼 무겁게
피사체를 맞추지 못한 퀭한 눈빛이
그믐밤
무채색 무소유로 그렁거린다

전복죽 끓여오다 넘어져 무릎 다쳤다 하니

돌부리에 넘어지지 말고
산을 보고 다녀라
딸 이름은 잊었어도 회상하면 덧나는 정감

만나도 비어있는 눈 시린 가랑잎
돌아서면 속 아린 수묵빛 내 그림.

회귀하는 풍경 · 2

빈곤을 거스르며
옹이진 등지느러미 세우고
쉼 없이 생을 달려 온 어머니

늘 빈 독의 썰물에도
입가에 밀물지며 담장 넘나들던
웃음소리
영세한 아침 상 앞에
수채화같이 앉아 먹는 모습만 지켜보시던
그 결핍이 회귀를 예약했을까

먼 바다 이어도에서 태어난 듯
순수의 눈, 세 살배기
몇 모금 죽이 저렇듯 옹알이 할까
연어가 심해의 추운 바다를 견디며 회귀하듯
뼈만 남은 앙상한 겨울나무의
허벅지

간 밤 파도 소리에 얼마나 시렸을까

더 어린 갓난이로 회귀하기 위해
한없이 야위어가는 어머니의 가녀린 몸
서러움조차도 모르는 실핏줄이
이 밤
벼랑 앞에 서 끊길 듯 이어지는 어머니 여린
숨소리.

어머니의 봄

헝클어진 흰머리는
그 옛날 손수 캐온 여린 쑥으로
쑥범벅을 버무리고 계셨다

마를 대로 마른 허벅지
납작이 누운 낙엽으로
겨우내 뒤척이며
봄을 기다리신 아흔세 살 어머니는

밤새 나직이 내린 봄비 소리 따라
한없는 옹알이
봄의 소리 왈츠였을까

휑한 눈 속에
보도블록 사이 민들레꽃 샛노랗게 일렁이고

한 평 침대 위에 갓난이 되어
우물가에서 빤 고스란
기저귀
봄 햇살에 그윽하게 말리고 계셨다

어머니,
따스한 봄까지 견디어 주셔서
더 소중한 봄
이 세상에 숨 쉬고 계신다는 것만으로도
좋은, 찬란한 어머니의 봄.

누런 보리밭 이랑마다

유월 문턱, 아카시아가 웃고
찔레꽃 향기 휘날리는 금호도
나지막한 언덕 평화로워라

금성산 새소리, 목청 따라
창포꽃 하늘거리는
호숫가에 치맛자락 흔들며 걸어오시던 어머니

하굿둑 이십 리 돌아
소쿠리에 함뿍 머리에 인 마늘
피붙이에게 주고 싶어

호미자루 토닥토닥 노래하며
마늘 밭둑 걷다가
환하게 다가오는 해님의 그림자 마냥
따라다니는 보고픔만큼 밭 일구시던 어머니

누릇누릇한 속삭임은 어디 가고
더 누렇게 삭아가는 어머니 이빨 닮은
누런 보리밭 이랑마다
어리는
어머니 생.

어머니의 무화과

아름다운 병원 6층 옥상 정원에
무화과나무가 별빛과 달빛에 몸을 의지하듯
요양사의 손끝에서
앉고 눕는 천진한 갓난 아이였다
아흔두 살 어머니는

안개 낀 채 희멀건 눈동자는
저토록 오그라진 옹이손이 닳도록 빤
마당에 하얗게 일렁이는 광목 이불깃이었다

일곱 자식 그 누구 얼굴도 기억 못하지만
무화과 한 숟가락 입에 닿자마자
'우리 집에서 딴 무화과여야.'
옛집 정원을 그리는 추억의 버팀목이

오늘도
종일 한 평 침대 위에서
빨갛게 익은 무화과를 따고 계셨다.

목이 길어서 슬픈 메밀꽃

모딜리아니 그림처럼
목이 길어서 슬픈 메밀꽃
하얗다 못해 온몸으로 준 풋사랑 같이
먼 길 부르튼 서러움까지도
산허리를 껴안은 흐뭇한 안개 같은 눈물 꽃으로
승화

하냥 그리운 얼굴
어디쯤에 맺혀져 있을까
칠 남매 가슴에 품고 달려 온 어머니 하얀 생애

그리움으로 아파오기 시작한
그 길,
눈 감아도 애잔히 쌓이는
아픈 상념들을 다 녹인

천상가신 엄마의 치맛자락 붙잡고
나는 아직 순수의 봉평 메밀꽃 들판을 걷고 있다.

이마의 별

나뭇결이 어머니 지문처럼 닳아진 높은 마루엔
초겨울 흙마당의 바람이 놀고

낭자머리처럼 단정히 앉은 어머니
검정 가마솥 앞에
한 손은 쌀 등겨 뿌리시며 다른 손은 불을 켜고
계시었다

그때 무릎으로 기던 두 살 베기
마루 아래로 뒹굴었다
이마엔 붉은 꽃이 피고
어스름한 장독가로 달린 어머니의 손에
반달이 섞인 누런 된장

나는 한 마리 청마구리
가난한 어머니의 떨린 손마디는
피로 물든 이마에 걱정을 두껍게 붙이는 것이었다

그날 하늘이 뵈는 창 없는 마루에는
초겨울의 별들이 걱정의 눈으로 지켜보고 있었다

어느새 어머니 나이도 훨씬 지나
내 이마에 새겨진 흉터가
그때 어머니 떨리던 누런 손으로 보이는 것은

이제 금싸라기 같은 내 자식이
초겨울 별처럼
내 가슴 깊이에 떠서 걱정으로 빛나는 것일까.

안개 낀 삼인산

안개가 눈앞을 가린다

젖을 대로 젖은 낙엽은
납작이 누워
침대에 등을 고정시킨 야윈 어머니처럼
누구도 몰라라
한 치 앞도 모두 몰라라

만남재의 북향 언덕
잔가지에 붙어 녹지 않는 얼음꽃은
하얀 잇몸 드러낸
어머니의 시린 웃음꽃이었다

다 벗고서 이 살얼음을 견딘
저 나목의 슬기 마냥
세월의 무게 내려놓은
내리막길은 어머니의 가쁜 숨소리로 메아리쳤다

三人山행은
홀연, 안개 사이에서 건져 올린
어머니 인내의 수채화였다.

껍질인 노모

이마에 흰머리꽃 핀 나이
엄마를 생각하면 가슴이 싸하다

저승꽃 핀 아흔하나의 희뿌연 얼굴과
반음 새는 목소리를 뒤로하고 걸어 나오면
찬바람 달리는 빈 들녘의 그루터기처럼
쓸쓸함을 넘어 괸 눈물꽃

옹알이 아기였던 내가
옹알이하듯 말 흘리는 어머니를 보며
아프게 웃는 시린 만남

껍질인 어미가 잃은 것을
온전히 딸이 얻어
시를 쓴다

빼곡하게 찬 깨알같은 시상은
어머니가 준 한없는 그리움의 빛이다.

나로도 풍경의 깊이
봄의 왈츠 물결치는 청산도
회진포구를 지나며
아름다운 동행·10
PGJ 연수의 수채화
삶의 사유
앵두
아름다운 동행·23
1월의 길상사
여수 금오도 비렁길을 걸으며
불나비
아델의 달빛 소나타

제5부
아름다운 동행 · 10

나로도 풍경의 깊이

때 묻지 않는 낯빛의
굽이굽이 아름다운 나로도 바다 곁에 와서
바람에 실려 온 파도 한 이랑 안았을까.

갈매기 나래에 잠깐 머무는 나로도에 와서 봉래산 산자락 그윽한 침묵과 신금해수욕장 아름드리 해송은 살랑대며 푸르르고 파란 등지느러미 세워 삼치가 유영하는 곳 조구나루터란 이름표가 물결 치고 곡두녀 탕건여가 먼 수평선 사이에서 빼어난 수묵화를 그리며, 초승달 모양의 염포해수욕장 검은 빛 자잘한 갯돌과 파도가 빚은 천상의 화음 속을 걷는 곰솔 밭 아래 갯바람은 파도 소리 맞춰 소금꽃밭 일구었어요. 흰 구름은 하얀 노을이 된 언덕까지 피어나고 정겨운 고깃배가 돛을 올려 띄울 즈음, 그 옛날 전설처럼 정박했던 시인의 이름도 기하학적 무늬로 파상되는 파도의 모습을 부둣가에 세운 그 큰 돌시비*와 함께 겨울 짠바람을 견디고 서 있는 나로도 부두는 나로호 만큼이나 저녁노을에 눈부셨어요.

그 나로도 부두에서 바라본 트라이앵글처럼 쉼 없이 흐르는 애도와 사양도 사이의 수락도가 닫혔던 나를, 한 폭의 유화처럼 안아주는 바다의 기억들, 이제야 바다는 제 마음을 비워 자연스레 흐르는 법을 일러 주었어요.

수심가를 온몸으로 녹여
깊이, 바다의 믿음을 껴안은 때문이리라
옹이의 물보라까지 비운 흔적은 고요하다
오늘도 나로도 풍경의 함성은 속 깊게 파닥인다.

* 전남 고흥군 봉래면 신금리 나로도 부두에 세워진 史泓萬 시인의 시비 '나로도'

봄의 왈츠 물결치는 청산도[*]

포구에 두 등대가 비익조처럼 다정히 쳐다보이는
느림의 종을 울리며
가시리 환희 보이는 바다 곁에 두고
걷기 시작한
슬로시티 1코스 6.8Km
노란 유채꽃 애잔한 정서가 일렁이는 곳
바람에 청보리 물결치는 곳

담쟁이 넝쿨 돌담길의 사진들을 스치며
계단의 다랭이논 가에 양지꽃 다섯 잎이 환하다
느리지만 멋진 삶
하늘과 바다와 산이 모두 푸르러 청산도라 했던가

'가슴을 칼로 저미는 한이 사무쳐야 소리가 나
오는 벱이여.'
 서편제의 고갯길
 웬 고갠가 구부 난 구부구부가 눈물이 난다

화랑포 갯돌 밭에 낭낭한 가락이 새땅끝까지 이어지는 곳

봄의 소리 왈츠가 한없이 흐르는 곳.

* 청산도 : 전남 완도항에서 약 19.2km 떨어진 섬. 총 면적 48평방 킬로미터, 인구는 약 6천여 명으로 다도해 해상국립공원에 속할 만큼 자연경관이 매우 아름다워서 옛날부터 청산 여수라 했다.
 영화 '서편제'를 통해 널리 알려진 돌담길과 드라마 봄의 왈츠의 촬영지로 유채꽃과 청보리이, 아름다운 청산도가 배경이 되었었다.

회진포구*를 지나며

잔잔한 삶의 길을 찾아

탐진강 하류
묵묵히 흐르는 득량만 물살에
저녁 햇살이 몸을 섞는 노을 따라 갔습니다.

반짝이는 바다에
투망 던지는 그물코마다
금비늘 햇살들이
잔뜩 걸리듯,

가슴으로 보면
천관산 그림자가
곁에 따라 다니듯,

삶의 길은 가까이에 있는데
먼 곳을 돌아, 돌아서 찾으려 했기에

정작 찾지 못했나 봅니다

회진포구 등대처럼
환하게 휘감아
이제
내가 길을 잃어도 찾아갈 수 있으리라는
기운이
바다 빛에 반사되어
왈칵, 데워진 온몸 위로 노을이 덧칠합니다.

* 회진포구 : 포구에 정박한 작은 어선들 너머로 다도해의 섬과 섬 사이로 시뻘겋게 떨어지는 일몰 장면은 남다른 감회주고, 회진 앞바다를 한승원은 '은빛으로 번쩍거렸고, 금빛 칠을 해놓은 것 같았고, 허연 눈이 덮여 있는 것 같았고, 회칠을 해놓은 것 같았고, 흰 옥양목 천을 깔아놓은 것 같았고, 쪽빛 물을 들여 놓은 것 같았고'라고 소설 '불의 딸'에서 묘사한 곳이다.

아름다운 동행 · 10

그대 손을 잡고 싶은 날엔
내 손도 비어 있어야 하리니

소유의 손으로
또 어떤 고해를 그리려 하는가

물결과 물결이 몸을 섞듯
젖은 제 무게 덜어내고
파도꽃 피우는 사랑의 무늬를 보아라
두 눈 감고도
가득한
영혼의 소리 들려오지 않는가

피붙이가 삶의 울타리를
사리 때, 펄 등에 썰물 빠지듯
떠나간 많은 것들은
값진 우리의 어제 발자국이다

쏟아진 모래시계를 어찌 하겠는가
온종일 웃는 낯꽃을 피우고도
어떤 상황도 받아들이며
무릎까지 걷고 저녁노을 속을 걸어가는
등이 구붓구붓한 뒷모습을 보아라

갯바람 스치는 바닷가에 서서
시의 어깨 위에 얹은 손잡듯
두 손잡고 저물어도
아프지 않을
그리운 사람아

달도 떠서 이울고
시어끼리 만나 가슴을 넘나드는
오늘 밤처럼

유난히
그대 손을 잡고 싶은 날엔
내 손도 비어 있어야 하리니

PGJ 연수의 수채화

내 어깻죽지에 나비의 날개가 달렸을까
날개 없이도 허공을 난다
공이 이국의 하늘을 난다

초록의 잔디밭 걸음걸음마다
미지의 길을 찾아
삶이 굴곡과 평온을 번갈아 걷는 인생길처럼
그린을 향해 공이 달린다

분수가 춤추는 호수의 해져드를 날고 싶어
뗏목도 없이 건너고 싶어
주춤거리며 출렁이며
힘껏 날개를 펴본다

북해도 PGJ 아카시아 꽃향기 흩날리는 언덕
그린그린 그래스 오브 홈의 음율 흐르는 곳
친절이 몸에 젖은 일본인의 올곧음이

홀컵을 향해
공보다 배려가 먼저 앞장 서 걸었다

아득한 여정의 끝에 서서
뒤돌아보니,
그토록 청정한 북해도 추억이
하늘과 초록 능선이 맞닿듯
사무치게 그리웁다

PGJ 72홀의 수채화.

삶의 사유

썰물과 밀물의 순리에 젖지 않고
인생의 바다를
어찌 건너 갈 수 있으랴

서로를 끌어당기듯
별빛을 가슴에 담고

무릎에 핀 애환도
세상의 옹이들도
하얀 온유로만 빚어내는

창가에
저 눈 소리처럼
순수로만 내린다면
남은 생
결코 아프지 않으리라

나목의 온기가 순리의 시간을 건너가고 있다.

앵두

금호도 금성산 언덕
앵두나무라는 이름표가 보이는 유월

수줍은
얼굴마다 붉으족족

실핏줄 따라
온 몸으로 퍼져 가는 그리움의 빛

붉어가는 마음을
어찌 숨길 수 있단 말인가

입가에 새콤한 침
흘려 내리며 맞붙어 속삭이는 연가

불타오르는 홍안
반질거리는 저 색의 춤사위

아름다운 동행 · 23

상실의 둘레가 있어 더 고운
열이레 달을 보며
어둑새벽 부흥산 오솔길 천천히 오르니
욕심을 떨어뜨리는 잎들이
마음을 비우는 산들이
가볍다고 말을 건넨다

너 앉아있는 그곳에
내가 서 있는 이곳에
금강초롱의 종소리 들리고
노란 털머위 빛 웃음꽃 피는 것을

굳이 어디에 무엇과 맞추랴
너의 보폭에
못 맞추면
네가 업고 간다 했거늘

불안해하지 말자
상실의 둘레를 채워 줄
그리움 있으니
늦잠 자는 저 달빛의 숨결 어르며 걷자.

1월의 길상사

이 젖음이 무엇일까
잠시 머문 행로
없는 것을 드려야 큰일인데 있는 것을 드렸다는
길상화, 뜨락에 감회의 무소유

1월의 첫 나들이
빈 벚나무 마른 정수리 고요를 지나
등 뒤에 새긴
제비꽃 눈망울과 자운영 빛 말
집착에서 옷 다 벗어 풀어놓은 저 범종 소리
일렁이는 삼각산 봄의 문턱에
내면의 업
벌레 먹은 시린 자국 데리고
고요의 꿈 하늘로 날아오를 수 있을지요

성모님 닮은 부처님,
침묵의 구들장에 꿇어 앉아 참회하는 나타샤

천억도 시 한 줄만 못해

내 생, 유한의 시간
뒤란에도
이 시린 듯 따스한 서정으로 채색할 수 있을까.

여수 금오도 비렁길을 걸으며

 함구미에서 시작하여 미역널방에 서니 천 길 낭떠러지 절벽의 순우리말 벼랑이 사투리 비렁에서 연유했다는 의미가 깎아지른 기암의 정수리를 치는 파도 소리 울림으로 다가왔다

 찌릿한 기암절벽의 해안 길 따라 에돌아가니 U자 형으로 움푹 들어간 포구 두포, 방파제가 어선들의 배려를 위해 기다란 몸을 곧게 펴고 서서 바닷바람과 파도를 맨몸으로 막고 엇갈린 또 다른 방파제가 또 다시 보호하는 그 포구 안에는 외줄에 온몸을 맡긴 조각배들이 오붓하게 춤추는 곳

 절벽이 가파를수록 포구는 더 둥그런 긍정으로 조각된 직포, 학동, 심포, 장지, 장지로 가는 새벽 언덕에 이슬이 등산화를 적시고 허벅지를 다 적셔도 좋은 허리까지 올라온 엉겅

퀴, 풋풋한 으아리, 망초꽃 웃음, 누리장나무의 향이 손짓하는 곳 회색 산토끼 부부 내려와 말을 건네는 순수의 길

  등대가 그림처럼 선 포구마다 푸른 물결이 햇살에 반짝이는 저 빛을 무어라 이름 붙일까 방파제는 삶의 어떤 상황에서도 곧게 걸어가라 일러주는 곳

  비렁길을 걸으면
  세상사 다 내려두고
  내 진땀으로 빚은 금빛 자라의 꿈이 기어이 하늘까지 닿으리라.

불나비

밤새 안개비 내린 뽀얀 강가의 입김으로 풀어낸
수채화
그대,
풀잎 이슬이 퍼덕이는 날갯짓을 보았는가
안으로 안으로만 깊이 새기다
수줍은 강의 노래
안개가 껴안은 강줄기 따라 생의 오늘이 열린다

저 깊은 곳에서 뜨거움을 키워 올리는 불덩이,
그대,
가슴에서 용솟음 치는 환희를 보았는가
엷은 분홍 즉흥 환상곡 선율마다
강의 찬란한 숨소리

그대, 평생을 살면서
단 한 번이라도
황금 햇살을 등에 지고

물결 위를 뛰어다니는 불나비를 보았는가
너른 강을 물들이며
불인 줄 알면서도 뛰어드는 불나비 마냥
다시는 돌아오지 않을
찰나의 오늘이 강물 따라 흐른다.

아델의 달빛 소나타

그날 만남은
내 생애 가장 아름다운 명화
아델에 쏟아지는 달빛 소나타였다

자려고 불을 끄자
거실은 밝은 빛에 휩싸였다
눈길이 창가로 옮겨지는 순간,
휘영청
어스름 달빛 아래 드리운
영산강의 검은 가슴에 출렁, 출렁이는 숨결
은빛 반짝이는 영산강은 달빛 타고 흐르고 있었다
달의 그림자 따라 쏟아지는
피아노 선율, 월광
아델에서만 느낄 수 있는 가슴 뭉클한 설레임
보름달의 다소곳한 웃음소리
화폭이 모자란 듯
달빛에 정적이 넘쳐흐르고 있었다

밤 깊어 자정인데
달의 투명한 얼굴에 그 꽉 찬 사랑의 서사시
밤새 품고
두근거리며 속살 젖어 반짝이던
그 날 밤
달빛의 소나타, 아직 아델리움에 일렁이고 있다.

민달팽이
가을 새벽 필드에서
꽃무릇 열창
은빛 학꽁치
첫눈을 보며
나무꾼과 선녀
행복의 사유
18세 매화꽃
레일 위로
이팝나무
꽃무릇 연가
부활 성야에

제6부
꽃무릇 열창

민달팽이

비 내리는 금호도 계단에 수많은 민달팽이들
비를 향해 기어 나와 울고 있다
미끈미끈한 몸짓으로 기는 모습
스프링처럼 늘였다 줄였다
어디를 향해 가는지

물이 모자라면
제 몸을 깎아지르며 긴다는 민달팽이
빗물에 달랑달랑 앞을 보는지
물컹한 다리 한없이 움직여
물장구치며 차박차박 세상에 뛰어든다
물인지 땀인지
미끈한 물보라 일으키며 긴다

물이 없는 길을 걷는 적이 없는 한 생애
습기만 먹다 생을 마감할 민달팽이

비가 멈추면 몸이 쓸킨 줄도 모르고
까슬까슬 흙바닥에서 물을 찾는
홀로 서기에 절여진 우리네 삶처럼
쓰림에 뒹구는 눈시울,
물기 머금은 채 웃으며 세상 속으로 기어간다.

가을 새벽 필드에서

발부리 적시다가
구르는 공의 선율을 따라 잔디밭 걷다가
<u>도그르르르</u>
햇살 붓에
은빛 수제비 뜨는 이슬

은방울 달고
홀을 향한 의지 하나로 달리는 생
마음을 집중하고 순례길 떠나듯
숨을 고요히
신앙이 자라서 곧게 나아가듯
샷!
그늘지고 낮은 곳으로 향하게 하소서
온 몸을 적시며
아득한 곳, 음성에 귀 기울이는데

뎅그렁
A홀 3번 깃발 뿌리에 포착,
홀인원이다!
오래도록 가슴께 환한 울림이었다.

꽃무릇 열창

간절한 눈빛 서린
기인 목,
그리움을 숨긴
침묵은 저리 뜨거운가

여섯 암술 수술 천상의
목청
가슴팍으로 뽑아
살 부비며 전율하는 붉은 악보들

온 산에 언덕에
사랑의 흔적인가
불 타는 속삭임의 물결

숨이 멎을 듯
죽어도 한이 없는 저 열창.

은빛 학꽁치

완도 신지 바닷가 파도 여울에 그네 타는
찌의 얼굴
과녁 맞추듯 바라보고 있었다

긴 입을 가졌기에
어떤 파도도 무섭지가 않다던 너

고고한 학의 넋인가 했더니
배고팠을까
왈칵,
입에 가시가 걸린 채
붉은 꽃 피우며 내 품에 안긴다

11월처럼 빼빼한 줄에 매달려
저 너른 바다에서 올라온 전율
휘청,
파닥거리는
학꽁치 등줄기에 은빛 하늘이 시리다.

첫눈을 보며

새벽 산이
해를 품어
가슴이 붉어지듯
저 첫눈 마냥 젖어오는 그리움을
어찌할까

밤새 별을 안았던 하늘이
어느덧
사립문 넘어와
마당에 설렌 가슴 내립니다

자정이 흐를수록 설원인데
그리움의 멍에 어떻게 지고
히말라야를 향한 가파른 산맥을
어찌 오를까

수십 번 던져도
그물 안에 되돌아 내려오는 골프공처럼
진정,
어떤 상황도 산정의 어두움 지우며
설화되어 내립니다

창가
바라보기만 해도 좋은
저 첫눈으로
눈부신 생애 축복, 그대 그립습니다.

나무꾼과 선녀

깨꽃선녀
어디서 왔을까
함뿍 덕유산 자락을 덮더니

온통
순결의 입김이다
1,614m 향적봉에 더 눈부신

은반의 주목나무 언덕
살아 천 년 죽어 천 년 山을 갈망하는
우리 닮은
깨꽃 밭에 24,500보 발자국 소리
울린다. 천국의 메아리

영하의 시린 발 끝에
하얀 이불 덮어주는 그녀, 깨꽃선녀

곁
서어나무, 졸참나무, 왕개불나무, 고로쇠나무
옷 다 벗고도
의젓하다, 무주구천동 계곡 그 나무꾼들.

행복의 사유

무심코 다가와
우연히
자운영 언덕처럼 따스이

가슴팍 쪼개어
다디단 살갗 내어주고도
하얀 웃음 실은 수박의 빈 배

깊은 침묵 깨워
어느 순간 불쑥
온산에 온몸에 꽃무릇 전율하는 시

삶이 아무리 차갑고 시려도
"나를 키우는 힘이야."
겨울 바다 따개비 속삭이는 소리

18세 매화꽃

겨우내 꽁꽁 꿰맨 가슴
봉긋이 열고
수줍은 보조개 피울 듯 말 듯
가시내
눈을 아래로 깔고
뜨질 못하나

섬진강 바람이 훈훈히
옷깃 적셔도
쫓비산이 쭈뼛쭈뼛 고개를
기웃거려도
12Km 18,500보 5시간 걸어
찾아왔건만

꽃샘의 시린 은장도 차고
치맛자락 풀지 않는
18세 매화꽃
가시내.

레일 위로

먹구름 사이로 쏟아지는 햇살
사선의 온기
내리 사랑처럼 아래로만 강건하다

새보다 자유로워라
음악이 흐르는 어둑새벽
레일 위를
그리움의 바람이 불어온다

깨꽃 지조가 종을 울리고
둔덕에서 이슬 머금은 아스라한 망초꽃이 곁이 된
칠월 초록 논 가장자리에 백로가 쉬어가는
완벽한 영상 시는 또 어찌 표현해야 할까

새벽 열차는
그리움만 가슴에 싣고
'뒤돌아보지 마라.'한다

우리 존재 어디로 가는지 아무도 모르지만
비상하라!
저 먼, 먼 하늘
저 새보다 자유로워라.

이팝나무

낯
설게 걸어가다가, 길가에
설화로
서 있나니, 눈부신 너의 자태
함박눈 아롱 젖어 쌓이거니와

그 깊은 겨울
하얀 귀밑머리 흩날리던
가시내

널
생각하면 설레어
자꾸만 눈 쌓인 이팝꽃되어
그리움이
가슴,
고봉으로 물들고 이런다.

꽃무릇 연가

붉히다
말을 할까
생각하니 더 그리워

붉히고
마냥 설레도
못 떠난 세월의 소묘

이 산에도 보조개, 저 산에도 눈웃음
이목구비
살갑게 나울거립니다

그냥 갈까
불덩이 삼켜도
못 만날 꽃과 잎
다시 태어나 아내로 피우자고

단아한 서어나무 따라
발긋한 호롱불 켜드는 젖은 눈시울.

부활 성야에

여린 숨소리조차 들리지 않는
고요한 어둠에서
신의 향기가 이런 향일까
향이 춤추며 날아와 코끝에 아롱이며
손 위 초의 빛, 따스하게 가슴까지 적신다

늘 자신의 늪에 갇혀 사는 나에게
기도하라
아픔의 정글을 헤쳐 나가도록 힘을 주신 분,
죽음을 이기시어 무덤에서 부활의 영광을 보여주신
빛의 예식

비좁은 물 능선의 나에게도
너른 마음의 돛단배를 달아주시어
삶의 든든한 버팀목으로 나를 안고 가시는 분

오늘 밤 이 부활의 은총으로
신앙의 빛으로,
둥실한 긍정의 사랑 실천하도록
주여 임하소서.

| | 이순희 시집 〈아름다운 안나푸르나〉 해설

응시, 자아에서 세계로

신 병 은(시인)

　……맑다, 순백의 그리움

〈개구리가 참선을 한다〉는 책을 읽었다.

건국대 황명찬 교수가 삶에서 부딪히는 가벼운 일상을 선지식으로 풀어놓은 책이다. 이 책이 주는 공감 중에 하나가 '자연의 모든 사물이 곧 스승'이라는 저자의 세계관이었다. 산책길에서 만난 개구리는 미동없이 참선을 하고, 진돗개 '바우'는 나무 그늘 밑에서 한가롭게 누워 '천천히' 살라고 가르친다. 그들의 가르침에 귀를 기울이려고 하다보면 항상 깨어있을 수 있다.

깨어 있다는 것은 곧 마음을 무언가를 향해 열어두고 있다는 말이다.

 자연의 모든 것이 다 부처요, 그들의 절실한 법문소리가 우레소리처럼 들린다고 한다. 인간이 참 위대하지만 알고 보면 늘 자연에게서 얻어먹고, 인간의 지혜 또한 자연에게서 배운 것들이다.

 시창작도 예외가 아니다.

 일상의 나무와 풀과 꽃과 바람과 돌과 새를 향해 촉을 세우고 틈 있을 적마다 이야기를 나누고 그렇게 나눈 이야기를 그대로 받아 적을 준비를 하는 것이 시창작이다. 시는 자연과의 교제방식이며 그것들이 보여주는 정신의 풍경들을 직시하고 응시하는 것이기 때문이다.

 '시는 자연의 모방'이라는 아리스토텔레스의 명제가 아직도 살아있는 이유가 여기에 있는 것이다.

 그래서 시적인식 또한 거창한 것이 아니라, 살아가며 만나는 일상적 경험이 낯선 삶의 의미체험으로 다가올 때가 바로 시적인식의 순간이 된다. 즉 시적인식의 순간은 늘 보아오던 사물과 현상이 어느 날 문득 새롭게 다가올 때의 순간이다.

 우리가 늘 만나는 일상에서 발견된 낯선 모습, 새

로운 이야기다.

시적 상상력은 이처럼 낯익은 보편적 의미 속에서 발견된 낯선 삶의 의미체험이며, 그 속에서 발견된 삶의 아름다운 메시지다. 낯설면서 낯익고 낯익으면서 낯선 이야기다. 시적인식은 새로운 진실을 발견하는 것, 사물을 보는 새로운 눈과 각도를 이해하고 발견하는 것이다.

예술의 힘은 삶의 행복을 공감하는데 있다.

그래서 화가는 그림을 그릴 때 가장 행복하고 시인은 시를 쓸 때가 장 행복하고 즐거워야 한다. 그래야만 좋은 작품을 만나게 된다.

오스트리아의 화가 구스타프 클림트가 1907년에서 1908년에 걸쳐 완성한 '키스'라는 그림 속 연인을 보면 남자는 한 손으로 여인의 뒷목을 받치고 다른 한 손은 살며시 목을 감싸고 있다. 무릎을 꿇은 맨발의 여인은 한쪽 팔을 남자의 목에 두르고 있다. 남자의 표정은 보이지 않지만 여인의 표정만 봐도 행복한 순간의 의미체험을 읽을 수 있다.

이순희 시인의 시를 들여다보면 그녀가 얼마나 자신을 미화하지 않고 솔직하게 '자기 응시'를 하는지를 알 수 있다. 스스로 행복한 마음의 풍경, 맑고 고요한 명상의 풍경, 그 풍경 속에서 행복의 원형적 질문이 시작되고 급기야는 스스로 풍경이 되어 안부를 묻기도 한다.

시인의 시를 만나면 시인의 행복한 마음을 두루 만날 수 있고, 이내 시의 풍경에 동화되어 마음까지 환해지는 것이다. 그것은 그녀의 시가 그만큼 솔직하고 맑고 고요하기 때문이며, 내 이야기면서 너의 이야기기 때문이다.

솔직함은 감동의 가장 근원적인 바탕색이자 인간미의 보색관계가 아닌가.

너무 솔직담백하면 자칫 건조할 수도 있다지만 이순희 시인은 그리움의 아포리즘을 양념으로 하여 그 시적 맛을 잘 우려내고 있다.

밀도가 높은 여성성과 박제화된 그리움의 여성성을 되살려 창작의 밑거름을 삼아 원형질의 인간미를 잘 발견해 낸다. 첫인상도 그렇고 만나서 몇 마디 나누지 않아도 융숭깊은 그녀의 모성과 자애한 매력에 빠져들게 된다. 그러면서 가슴 따뜻한 시선으로 바라보고 껴안고 다독이는 그녀의 풍경을 만날 수 있다.

그녀는 끊임없는 대상과의 대화를 통해 새로운 발성법을 얻게 되고, 그 발성법 속에 내재된 상상력과

직관으로 일상에서 쉽게 볼 수 없는 것들을 보는 힘을 얻는다.

그리하여 시인의 시 속에서 '그리움'은 어떻게 변용되고 있는지, 인간생태적인 순결함과 어떻게 융합되어 있는지가 자못 궁금해지는 것이다.

> 사랑이 이런 것이란다
> 목숨 같은 순백의 꽃을 피우는
>
> 고랑에 오진 마음으로 바람을 끌어 모아
> 아무리 애가 타도
> 밭이랑 따라 수많은 그리움의 종을 달고 은은히 울리는
> 가난과 아픔이 가득해도 끌고 다녔던
> 어머니의 옷자락에
> 새긴 눈물꽃
>
> 그리워 나에게로 먼 길 달려오는 사람아
> 흰 빛, 저 부끄럼 없는 지조를
>
> 보아요
> 깨꽃이 한창 피어요.
>
> ─〈깨꽃〉 전문

시가 참 맑다.

그러니까 가장 중심적인 시어 중의 하나가 '깨꽃'이다. 종모양의 연보라 빛 맑은 색의 깨꽃은 시인의 '맑음 지향. 순결지향'을 상징한다.

그녀의 삶과 그리움, 혹은 사랑은 '목숨 같은 순백의 꽃의 피우는' '그리움의 종을 달고 은은히 울리는 어머니의 옷자락에 새긴 눈물꽃'이란다. '부끄럼 없는 순결한 지조의 깨꽃'이란다.

'깨꽃-순백의 꽃-눈물 꽃-부끄럼 없는 지조'와 같이 유사 이미지의 전환을 통해 전이되는 사랑과 그리움에 대한 시인의 관념도 관념이지만 '보아요/ 깨꽃이 한창 피어요'로 갈무리된 시적 장치 또한 사랑과 그리움의 고결함을 더 빛나게 한다.

물론 '그리움'은 우리 삶과 시의 가장 보편적인 의미체험이지만, 그녀는 '보는 것-그리는 것'의 공식선상에서 대상을 바라보기 때문에, 늘 보아오던 풍경이지만 미처 보지 못한 의미체험에 대한 인식이 새로울 수밖에 없다. 그것은 그녀만의 세상, 그녀만의 풍경을 갈무리해 내는 시안과 허세를 버리고 진정에 다가서는 그의 세계관이 남다르기 때문이다. 시를 통해 속을 들여다보고 시를 통해 속을 드러내 보이는 것이 여간 즐거운 일이 아닐 수가 없다.

그 맑고 푸른 세계관은 내 생각을 나의 문장으로 증거해 내는데 부족함이 없다.

그대 아프나요?
누가 그대를 아프게 하나요?

소소한 바람에 수없이 흔들리는 가녀린 영혼아

　　누가 흔들리라 했던가

　　한 발자국도 다가가지 마오
　　한 가닥 옷자락도 풀지 마오
　　　　　　　　　　　―〈깨꽃의 지조〉 부분

누가 흔들리라고 하지 않았다.

스스로 흔들리는 삶, '아픈 가슴 햇살에 맡기는 저 풋잎 따라 어깨춤 추며 온몸 종소리를 내는 신명의 춤판'은 시인의 간절한 그리움을 향한 몸부림이다. 아무리 흔들어도 한 발자국도 다가서질 못하고 한가닥 옷자락도 풀지 못하는 화자의 바람을 끝내 지켜내려는 그녀의 하얀 그리움이 오버랩 된다.

'지긋이 눈감고/ 고요히, 가슴 속들까지 마음을 텅 비워' '번뇌도 내려놓고 아픔도 확 꺼내놓고/ 환하게 세상을 향해'〈해바라기〉서 있는 달관의 그리움을 만나면서 정점에 이른다.

뿐만 아니다, 그녀의 그리움은 가슴 처연한 시이면서 청순한 고요다.

　　이제껏 살아오면서 가슴에 가장
　　처연한 詩였습니다 그대는

>   달빛이 아련한 나무다리 아래에서 바람에 몸을
> 흔드는
>   자줏빛 창포꽃들이 시를 읊조렸습니다
>   이 시어의 청순함은
>   어두운 부흥산 그림자 끌어내어 그 아득한
> 고요가 묻어나
>   나의 그리움은 달뜹니다
>   이 연연한 마음은 깊어가는 생의 보랏빛 의미에
> 대한
>   나의 충만해진 감정의 빛,
>   초사흘 달빛이 있어 더 달뜹니다
>   —〈나 살아있는 한〉 부분

'그대' 향한 보랏빛 그리움은 늘 가슴에 출렁이는 시였고, 고요가 묻어나는 청순함이었고, 날마다 달뜨는 생의 솔기다. 그녀 안에서 순환하며 출렁이는 그리움은 밤마다 말갛게 자라는가 하면 속 젖은 사람의 시를 읊기도 한다.〈월하정인〉

시가 참으로 정직하다.

감동은 정직함 안에서 깊이 내통한다는 것을 알 수 있다.

>   사랑은 그래요
>   깊은 서정에 빠지지 않고서 감동할 수 있나요?
>   달빛 고요에 기대고 서 있는
>   보드레한 저 영혼의 풍경소리 들어 보셔요

바라볼 수만 있어도 그저 좋은데
어루더듬기도 하고
그리워 아파하기도 하니
점점, 속 뜰까지 닮아 공통분모가 되기도 하지요

둥긋이 환한
부시게, 눈부시게 거기 감동으로 서 있는 이여.
―〈눈부시게〉 전문

  그녀에게서 그리움은 '영혼의 풍경소리이자 바라만 봐도 그저 좋은 어루더듬기'이다. '어루더듬다'는 뜻은 손으로 여기저기 만지면서 더듬는다는 뜻의 아름다운 우리말이다. 그리움은 아픔을 동반하지 않을 수 없다. 그래서 어루더듬어 속까지 달래려는 것이다. 그녀의 그리움을 풀어내는 방법 또한 예사롭지가 않다.
  시야를 넓혀 다양한 사물을 포괄하고 삶의 이면을 내밀한 시선으로 응시하는 '리얼리스트적' 태도를 견지하면서 언어적 기지를 살려 사물과 삶의 중핵을 파고드는 관조와 성찰로 애잔한 그리움을 펴 보인다.

  시인에게 시적인 순간이 언제 오는가?
  내 이야기이면서도 너의 이야기여야 하고, 좀 다른 방식으로 바라보는 친절하지 않은 시. 친절하지 않기 때문에 더 좋은 시에 대한 관심이 필요하다.
  늘 느끼는 것은 우리가 일상이라고 부르는 것, 거

기에 대한 아주 구체적이고 감각적인 천착, 그 체험을 이렇게 시로 변형해 내는 어떤 노력 같은 것이 시적 수사가 아닐까. 일상은 가장 무감각한 곳이면서 우리가 지각하지 못하는 가운데 흘러간다. 일상의 낯익음 속에서 낯선 경험을 하는데서 발효된 상상력의 발현들과 관계되는 말들이 시의 혼을 불어넣는다.

이순희 시인의 그리움도 예외는 아니다.
'까맣게 멍든 채 갯벌에 젖은', '그대 짙은 펄 내음/밀물처럼 내게로 달려오는'〈꼬막〉'그리움'이 있는가 하면, '햇살에 닿으면 비상하는 안개처럼, 햇살이 웃으면 따라 웃는 이슬'〈새벽필드에서〉 같은 그리움도 있다.
다양한 시적 변용을 통해 그리움의 홀인원을 꿈꾼다.
뿐만 아니다. '다 비운 작은 것이 얼마나 아름다운가? 우리는 더 좀 더 낮아져야 한다'고 자신을 한없이 낮추면서 낮은 자릿세상의 아름다운 풍경을 발견해 낸다. 그래서 그녀의 그리움은 대상을 향한 것이라기보다는 고요히 자신을 되돌아보는 성찰의 그리움이고 겸양의 그리움이다. 그리움은 삶의 폭과 깊이를 한없이 변용케 하는, 그리하여 시적 정서를 풍요롭게 하는 장치다.

'아무리 나를 흔들어도 설익은 햇살 두르고 동백가지 굵어지듯' '그 우람한 그리움의 곁이 되고 싶은' 시인은 '너와의 만남'을 포기하지 못한다. 시인에게서 그리움은 '내 마음을 전부 풀어' 그리고 싶은 삶의 뿌리이고 시의 바탕색이 되고 있다.

    간절한 눈빛 서린
    기인 목,
    그리움을 숨긴
    침묵은 저리 뜨거운가

    여섯 암술 수술 천상의
    목청
    가슴팍으로 뽑아
    살 부비며 전율하는 붉은 악보들

    온 산에 언덕에
    사랑의 흔적인가
    불 타는 속삭임의 물결

    숨이 멎을 듯
    죽어도 한이 없는 저 열창.
                     -〈꽃무릇 열창〉 전문

    새벽 산이
    해를 품어
    가슴이 붉어지듯
    저 첫눈 마냥 젖어오는 그리움을
    어찌할까

밤새 별을 안았던 하늘이
어느덧
사립문 넘어와
마당에 설렌 가슴 내립니다

자정이 흐를수록 설원인데
그리움의 멍에 어떻게 지고
히말라야를 향한 가파른 산맥을
어찌 오를까
　　　　　　　　　─〈첫눈을 보며〉 전문

　시인이 그토록 그리움에 사무쳐하고 천착하는 이유가 있다. 그리움의 삶의 본질이면서 시인이 사는 이유이면서 존재근거가 되기 때문이다. 그래서 시인의 '그리움을 숨긴 침묵'은 '어떤 행위보다 눈부신 숨결'일 수밖에 없고, 그리움의 가장 깊숙한 곳에 웅크린 자신으로부터 뛰쳐나와 더 간절한 그리움에 안기고 싶은 것이다. 그래서 시인은 영원한 술래라고 했는지 모른다. 의미탐색, 재해석, 재발견…… 육안보다는 심안으로 가능한 발견들이다. '만나 만들고 싶은 것'이면서 '지워버리고 싶은 것'의 재발견인 셈이다.
　'첫눈 마냥 가슴에 젖어오는 그리움'을 주체할 수 없어 시인은 이제 '자정이 흐를수록 설원'인 히말라야 산맥을 오르는 그리움의 원형질을 탐색하게 된다.

······ 고요한 사유, 원형의 풍경

'삼시세끼'란 프로를 본 적이 있다. 가만히 보면 인간에 대한 가장 기본적이면서 원형적인 탐색을 모티브로 하는 프로그램이다. 그리고 보면 우리 삶의 가장 소중한 원형은 의외로 사소한 것이고 순수하다는 것을 알 수 있다. 변한 것이 있다면 관념이고 그 관념에 길들여져 있다는 것이 아닐까?

이순희 시인은 원형에 잘 길들여져 있다.
본인의 삶이 피곤하고 힘들지만 '맑음'에 대한 솔직함과 진정성이 빛나는 것이다. 이 시대에 빛나야 하는 것이 있다면 이처럼 티 없이 맑은 영혼, 순결한 정신이어야 한다고 믿는다. 동화 같은 순결한 세상을 꿈꾸고 그 속에서 상상의 꿈을 하나 둘 실현하고 있다.
'하얀 온유로만 빚어낸 사유'로만 사는 시인은 자신의 일상을 미화하지 않고 있는 그대로를 직시하는데서 '자기 응시의 용기'를 만난다. 자기 응시의 용기란 '나는 지금 삶의 어디 즈음에 와 있는가'를 정확하게 투시하는 자기 정직성의 힘이다.
시가 시인의 자화상이라고 하는 이유도 여기에 있다.

늘어진 어깨 뼈 마디마다

흔들리며 네 뻗어가는 푸름이 있어
　　시리던 등 위 하늘빛이 밝다

　　얼굴을 스치는 바람들조차
　　저 벌거벗은 등줄기에 닿으면
　　구멍 숭숭 뚫린 여린 종아리마저
　　반들반들 빛날 것 같은데

　　숨 막히고 아린 삶의 뒤안길이라도
　　어깨를 살포시 안아주면
　　그 어떤 상처들도 고슬거릴 것 같은데

　　생이 아무리 따가운 사막의 사래 긴 밭이래도
　　이것 또한 지나간다며
　　긍정의 모습으로 그늘을 만들어주는 너

　　굽은 허리 알몸으로도 바람을 만들어내는
　　오월의 창가
　　초여름이 서글서글 넘나드는 배롱나무
　　고요의 내 사유.
　　　　　　　　　　　　　　－〈배롱나무〉전문

　그녀, 나이가 들수록 세월이 흐를수록 더 환하게 빛나는 이유가 여기에 있다. 아리고 숨막히는 삶의 뒤안길도 살포시 안아주고 생의 사막길에 그늘을 만들어 주고, 알몸으로 바람을 만들고 그늘을 만들어 주는 배롱나무 고요한 사유 속에 안겨있는 긍정의 모습이 시인의 삶을 아름답고, 등 시린 하늘도 밝은 것이다.

고요한 사유,

아무리 아린 상처라 해도 스스로 안아주고 어루만 져주는 고요한 사유야말로 아픔을 다독이는 다사로운 손길이 아닐까. 그 고요 속에 들면 어떤 상처도 고슬고슬하게 아물 것 같은 정겨움이 바로 시인이 사는 풍경이다.

그림도 시도 이처럼 일상적 삶의 모습, 혹은 낯익은 삶의 풍경에 새로운 상상력을 입히는 작업이다. 그대로의 재현이 아니라 뭔가 새로운 의미체험의 옷을 입히는 작업이다.

시와 시인,

얼핏보면 일상적인 이야기지만 가만히 들여다보면 그 안에 그동안 보지못한 새롭고 충격적인 비밀의 풍경이 자리하고 있을 때 비로소 시적인식이 되는 것이다.

나는 이순희 시인의 이런 시를 좋아한다.

일상적 삶의 모습, 누구나 한 번쯤 보았을 광경에 새로운 상상력을 입히는 작업, 새로운 안목으로 바라보는 관점의 이동이 있는 시를 좋아한다.

금호도 호숫가에
깻단이 바람에 몸을 의지하듯

>   요양사의 등에 업혀
>   둥둥 떠가는 가벼운 뭉게구름이었다
>   여든아홉 어머니는
>
>   눈물 머금은 채 글썽거린 웃음은
>   금호도 호수에 빠진 햇살이었다
>   일곱 자식 그 누구도 기억 못하지만
>   짓무른 눈으로 자꾸만 응시하며
>   느그 아부지 자마리처럼 앉았다 가셨다
>   아버지를 그리는 흰빛 지조의 버팀목이
>   오늘도
>   종일 한 평 침대 위에서
>   금호도 언덕에 핀 깨꽃의 종을 치고 계셨다.
>   　　　　　　　　　　　　　─〈어머니의 종〉 전문

 이순희 시인의 시적 한 굽이는 어머니로 대변되는 여성성이다. 그녀의 시에서 '어머니'는 그리운 풍경의 언저리마다 자리하고 있는 원형적인 풍경이기도 하다.
 지금 시인은 어머니가 갓난아기가 되고, 오히려 시인은 아흔이 넘은 어머니가 되어가는 인간존재의 보편적이고 역설적인 상황 속에 자리하고 있다. 그 속에서 어떻게 저물어갈 것인가에 대해서, 어떻게 하면 추하지 않게 저물어갈 것인가에 대해 침잠하고 있다.
 그래서 그런지 그녀가 즐겨 쓰는 원형색은 흰빛이다.
 한 평 침대 위에서 종일 깨꽃의 종을 치고 계시는 어머니, 일곱 자식을 어느 누구도 기억하지 못하는

여든아홉의 어머니는 삶의 원형적 모습이다. 이제 욕심도 없고 잠자리처럼 잠시 앉았다가 가시는, 비움으로서 서로 소통하고, 소통함으로써 함께 행복하고 싶은 그녀의 순수하고 맑은 원형질의 상징이다.

딸의 얼굴도 모른 채 화장지 조각을 모아 주머니에 넣는 무소유의 어머니는 하얀 백지로 되돌아온 동화같은 삶의 원형이다.

어머니에 대한 풍경체험은 스스로 행복한 마음의 풍경이 되기 위한 그리움의 의미체험에 닿아있다. 그래서 시에 담아낸 그녀의 맑은 속내를 보면 저절로 머릿속이 환해지면서 마음이 넉넉해지고 마냥 행복해지는 것이다.

> 어쩌면 어머니는 아픔 속에서 아픔을 건져 내듯
> 견딤의 사유를
> 그토록 밤새워 실타래를 풀듯 옹알이 하셨는지도 모릅니다
>
> 자신이 누구인지도 모르지만
> 생애 못 다한 자화상을 찾는 처음의 꿈이었으면 좋겠습니다
> 잃어버린 모서리를 채우며 차오르는 보름달 되어
> 은빛 사래 긴 밭 가슴으로 건너갈 때
> 어머니의 멍에자리 별이 되어 하늘까지 닿았습니다.
> ─〈어머니의 별〉부분

어머니의 옹알이, 밤새 봄비 소리 따라 한없는 옹알이 〈어머니의 별〉은 세상의 온갖 말을 보듬고 껴안아 되돌아온 티없이 순결한 원형의 언어면서, 아흔 둘의 연륜이 깃든 어머니의 옹알이는 아픔 속에서 아픔을 건져내는 견딤의 사유이며 아픔을 이겨내는 힐링의 근저다.

진공의 그 말에는 물비린내 나는 처음의 꿈이 어려 있어 수묵의 가슴 찡한 카르시스를 체험하게 된다.

그녀에게서 '세월의 모서리 닳아진 어깨' '칠남매 키운 옹이가 곰삭아 핀 소금꽃'이 있는 어머니는 곧 자신의 원형이면서, 성찰의 거울로 자리한다. 일곱 자식 누구도 기억못하지만 시인에게 '그믐밤 무채색 무소유'의 원형으로 자리하는 '아흔 둘의 수묵화'다.

언뜻언뜻 기억이 날 듯 말 듯 처음의 모습으로 되돌아간 어머니가 '한 평 침대 위에서 빨갛게 익은 옛집 정원의 무화과를 따고 계신'〈어머니의 무화과〉혹은 '한평 침대 위에 갓난이 되어'〈어머니의 봄〉등에서 보이는 회귀의 풍경은 시인이 영원히 안겨있고 싶은 원형의 고향이다.

> 빈곤을 거스르며
> 옹이진 등지느러미 세우고
> 쉼 없이 생을 달려 온 어머니

늘 빈 독의 썰물에도
입가에 밀물지며 담장 넘나들던
웃음소리
영세한 아침 상 앞에
수채화같이 앉아 먹는 모습만 지켜보시던
그 결핍이 회귀를 예약했을까

먼 바다 이어도에서 태어난 듯
순수의 눈, 세 살배기
몇 모금 죽이 저렇듯 옹알이 할까
연어가 심해의 추운 바다를 견디며 회귀하듯
뼈만 남은 앙상한 겨울나무의
허벅지
간 밤 파도 소리에 얼마나 시렸을까

더 어린 갓난이로 회귀하기 위해
한없이 야위어가는 어머니의 가녀린 몸
서러움조차도 모르는 실핏줄이
이 밤
벼랑 앞에 서 끊길 듯 이어지는 어머니 여린
숨소리.
―〈회귀하는 풍경·2〉 전문

 어머니는 몸을 비우시고 끝내 돌아오지 못하는 회귀하는 풍경이 되었지만 늘 시인의 가슴속에 곡진한 삶의 풍경이 되어 남아있다.
 '목이 길어서 슬픈 메밀꽃' '누런 보리밭 이랑마다 어리는 생' '이마에 흰머리꽃 핀 나이' '인내의 수채화'의 어머니면서 '옹알이 아기였던 내가 옹알이 하듯 말 흘리는 어머니를 보며 아프게 웃는 시린 만남'의 어머니〈껍질의 노모〉, 실존적 생의 의미를 형상적으로 탐색하는 데 있어 '어머니' 만큼 수식이 필요 없는 시어도 없을 것이다. 많은 시편에 어머니가 등장하고 있는 것을 보면, 현란한 수사와 허위의식이 없이 순수하고 솔직한 어법으로 삶의 원형을 탐색하는 그녀의 시적인식을 알게 된다. 그리고 시어와 일상어의 차이, 혹은 그 둘 사이의 절제미로 어떻게 삶의 의미 체험을 정감있게 그려 내는지가 분명해진다. 원형적인 생의 의미와 사물의 본질에 대한 탐색에 대한 그녀의 시안을 보면서 너무 표현의 수사에 치우쳐 의미 형성이 모호한 시들이 많은 요즘 눈여겨 봐야할 풍경이 아닐까 싶다.

> 영하의 시린 발 끝에
> 하얀 이불 덮어주는 그녀, 깨꽃선녀
> 곁
> 서어나무, 졸참나무, 왕개불나무, 고로쇠나무
> 옷 다 벗고도
> 의젓하다, 무주구천동 계곡 그 나무꾼들.
> 　　　　　　　　　　－〈나무꾼과 선녀〉 부분

> 겨우내 꽁꽁 꿰맨 가슴
> 봉긋이 열고
> 수줍은 보조개 피울 듯 말 듯

가시내
눈을 아래로 깔고
뜨질 못하나

섬진강 바람이 훈훈히
옷깃 적셔도
쫓비산이 쭈뼛쭈뼛 고개를
기웃거려도
12Km 18,500보 5시간 걸어
찾아왔건만

꽃샘의 시린 은장도 차고
치맛자락 풀지 않는
18세 매화꽃
가시내.

—〈18세 매화꽃〉전문

······안나푸르나, 그리운 나

요즘 우리는 남의 안부는 잘 물어주면서 자신의 안부며 근황을 묻는 사람은 드문 것 같다. 스스로 존재 가치를 부여하기 위해서는 자아응시와 자아 다독이기가 필요한 때다. 곁을 챙기는 일도 먼저 스스로를 챙기는 것부터 시작되어야 한다. 자신을 외면하고서는 진정한 소통의 의미가 없기 때문이다.

이순희 시인의 〈안나푸르나〉는 어머니의 이름으로, 산의 이름으로, 나무의 이름으로, 꽃의 이름으로, 바람의 이름으로 그리고 믿음의 이름으로 자신의 안부를 묻는 삶의 은유적 반성과 자아응시의 길 찾기다.

그래서 이순희 시인의 '안나푸르나'로 상징되는 시인의 자아응시의 내력은 시의 중요한 한 굽이가 된다. 40년을 머물렀던 교직에서 벗어나 새로운 자아를 찾아 떠나는 그녀는 이제 몸 가볍게 하늘을 날며 세상을 소요하며 진정한 자아찾기에 들고 있다.

> 묵묵히 서서 태고 그 자리/ 은빛 날개를 펴고/ 안나푸르나! 안나푸르나!/ 속울음 참고서서/ 삶의 시린 발 녹일 줄도 모르고/ 눈부신 꿈 버티고 서서/ 구름인가 눈인가/ 껴안다 놓치다 홀연히 몸부림친다
>
> 결연한 자태로 서서/ 얼음꽃 피우는/ 저 만의 삶/ 얼마나 더 깊고/ 얼마나 더 고독한/ 비밀을 간직해야/ 저토록 장엄한 설산의 자태를 보일 수 있나
>
> 안나푸르나 닮은/ 의지의 내가 될 수 있나
>
> 6일 동안, 매일 6—7시간 걸어/ 4,130m 올라 와서야 감동의 눈시울 적시는/ 축복의 시,/ 안나푸르나 곁에 자란자란 얼어/ 몸 굳어도 좋으리.
> —〈안나푸르나 베이스캠프에 서서〉 전문

안나푸르나,

삶이 무료하고 답답할 때 낯선 신비감에 대한 설렘은 분명 새로운 삶의 활력이 된다. 상상했던 세계와

다른 세상을 만난다면 한없는 환희와 희열을 느낄 수 있다. 인간의 영역을 벗어난 신의 영역을 들여다 볼 수 있고 상상 너머 상상의 세계로 갈 수 있는 유일한 통로이기도 하다. 엿새동안 4,130m를 올라선 안나푸르나는 시인으로 하여금 '세상에서 가장 아름답고 행복한 사람'이라는 관념성을 현실화시켜 주는 공간으로 자리한다.

'껴안다 놓치다 홀연히 몸부림치는' '얼음꽃 피우는 저만의 삶' '더 고독하고 더 비밀을 간직해야' 하는 나의 안나푸르나를 찾는 것은 자유로운 영혼을 지닌 시인의 자유로운 도전이다.

아름다운 안나푸르나

나무나루(木浦)에서 태어나/ 한 번도 떠난 적 없는 어머니의 생처럼/ 분필가루에 닳은 여린 손/ 깨드득 웃음소리로 가득한 교실에서 40년을 노래한/ 가시나무 새는/ 날아가는 꿈을 꾸었다

산은/ 언제나 묵묵히 거기에 있기에

잠시 머물다 갈 행로/ 나의 버킷리스트(Bucket list)/ 시어들이 넘나드는 히말라야 은반의 설산처럼/ 투명한 빛으로/ 오르고 또 오르다가/ 벼랑으로 떨어지던 그 전율, 詩랑 붙어있고 싶었다

안나푸르나/ 눈인가 구름인가/ 껴안다 놓치다 홀
연히 몸부림치던/ 그 행로

생 다하는 날까지/ 너를 향한 그리움 안고 살아가
고 싶구나/ 아직도 차마 발을 떼지 못한 내 詩/
아름다운 안나푸르나
―自序

원형의 자리 안나푸르나,

두 날개를 활짝 펴 안나푸르나 푸른 하늘을 날아가
는 가시나무새는 이미 꿈이 아니라 현실이 되었다.
오르다 오르다 벼랑으로 떨어지는 '전율'은 아무런 감
각 없이 하루하루를 사는 현대인에게 꼭 체험케 하고
싶은 시인의 바람이자 간절한 소망일 것이다.

안나푸르나는 시인의 내부에서 외부로 향하는 관
점변화에서 만나는 삶의 에네르기가 되고 있다. 보고
듣고 경험한 풍경과 정경들이 선명하게 시적풍경으
로 갈무리된 안나푸르나는 지금까지의 공간이 아닌,
낯선 곳을 향하려는 시인의 의지의 상징일 수 있다.
그렇다고 이상향이니 도화원과는 거리가 먼 순수한
의지의 자아찾기다.

시인의 안나푸르나를 가만히 들여다보면 안나푸르
나만 있는 게 아니다. 그 속에는 참으로 많은 새로운
풍경이 보인다. 백두산, 백운산, 덕유산, 설악산, 지리산, 금오도, 황산, 천문산, 마차푸차레, 나칼곶, 러시아, 캄보디아, 핀란드, 성페테르부르크, 덴마크, 네팔, 노르웨이, 베네치아, 앙코르와트, 베트남……

이는 단지 외국의 풍경에 대한 동경이 아니다.

많은 풍경을 두루두루 다녔지만 궁극적인 목적지가 있다면 단 한 곳, 그리움과 자유를 향한 자아찾기며 자연의 한 부분이 되기 위한 몸짓이다. 보다 더 본래적이고 원형적인 자아를 만나기 위한 여정이면서, 삶의 폭과 깊이를 더하기 위한 출발이면서, 현재의 나를 확인하기 위한 영혼의 의미체험이다.

자신을 성찰하면서 더 자신을 잘 보기 위해 떠나는 시의 길이면서 스스로 닫힌 곳을 열어가는 '환한 길' 찾기다.

그것은 또한 '생이 다하는 날까지 차마 발을 떼지 못할 것 같은', '껴안다 놓치다 홀연히 몸부림치던' 시에 대한 아름다운 도전의 연장선이다.

영혼이 순결한 사람, 이순희 시인.
모든 타악기는 비움으로써 제 소리를 낸다는 것을 시인을 통해 확인하게 되는 셈이다.

> 수심가를 온몸으로 녹여
> 깊이, 바다의 믿음을 껴안은 때문이리라

옹이의 물보라까지 비운 흔적은 고요하다
오늘도 나로도 풍경의 함성은 속 깊게 파닥인다.
　　　　　　　　　　　　　－〈나로도 풍경의 깊이〉 부분

낮
설게 걸어가다가, 길가에
설화로
서 있나니, 눈부신 너의 자태
함박눈 아롱 젖어 쌓이거니와

그 깊은 겨울
하얀 귀밑머리 흩날리던
가시내

널
생각하면 설레어
자꾸만 눈 쌓인 이팝꽃되어
그리움이
가슴,
고봉으로 물들고 이런다.
　　　　　　　　　　　　　－〈이팝나무〉 전문

　'바다의 믿음을 껴안고 옹이의 물보라까지 비운 흔적'으로서의 시인은 지금 사물화 되고 관념화된 존재에서 벗어나 참된 자아를 깨닫기 위해 자연의 순리에 안기고 있다.
　그러다보니 대상에 대한 이해력의 폭이 넓혀진 시인의 관심은 어떻게 하면 인간의 삶을 보다 따뜻하고 가치 있는 것으로 승화시킬 수 있을까에 대한 고민과 어떻게 하면 풋풋한 언어로 세계를 끌어안을 것인가에 대한 고민, 그리고 시인의 순결지향에 대한 사유다.

자아발견, '이 산에도 보조개, 저 산에도 눈웃음 이목구비 살갑게 나울거리는' 자아를 만나고 '단아한 서어나무 따라 발긋한 호롱불 켜드는 젖은 눈시울'〈꽃무릇 연가〉의 자아를 만나고, '늘 자신의 늪에 갇혀 사는 나'〈부활 성야〉를 위해 기도하는 나를 만난다.

> 저 깊은 곳에서 뜨거움을 키워 올리는 불덩이,
> 그대,
> 가슴에서 용솟음 치는 환희를 보았는가
> 엷은 분홍 즉흥 환상곡 선율마다
> 강의 찬란한 숨소리
>
> 그대, 평생을 살면서
> 단 한 번이라도
> 황금 햇살을 등에 지고
> 물결 위를 뛰어다니는 불나비를 보았는가
> 너른 강을 물들이며
> 불인 줄 알면서도 뛰어드는 불나비 마냥
> 다시는 돌아오지 않을
> 찰나의 오늘이 강물 따라 흐른다.
> —〈불나비〉부분

물이 모자라면

> 제 몸을 깎아지르며 간다는 민달팽이
> 빗물에 달랑달랑 앞을 보는지
> 물컹한 다리 한없이 움직여
> 물장구치며 차박차박 세상에 뛰어든다
> 물인지 땀인지
> 미끈한 물보라 일으키며 간다
>
> 물이 없는 길을 걷는 적이 없는 한 생애
> 습기만 먹다 생을 마감할 민달팽이
>
> 비가 멈추면 몸이 쓸킨 줄도 모르고
> 까슬까슬 흙바닥에서 물을 찾는
> 홀로 서기에 절여진 우리네 삶처럼
> 쓰림에 뒹구는 눈시울,
> 물기 머금은 채 웃으며 세상 속으로 기어간다.
> ─〈민달팽이〉 부분

 그동안 인내해 왔던 가슴 속 불덩이를 드러내 단 한번 만이라도 불나비처럼 살고 싶다는 의지를 드러낸다. 불인 줄 알면서도 이것저것 따질 겨를 없이 불에 뛰어드는 불나비가 되고 싶고, 물기 없는 길이라 할지라도 스스로 길을 만들며 '제 몸을 깎아지르며 기어가는 민달팽이'가 되어서라도 오랫동안 얽매었던 삶의 굴레를 벗고 싶어한다.

 시인은 지금 스스로를 벗어, 자신과 소통하는 법을 익히고 있다.

통하지 않으면 아프다.

시인의 유일한 소통법인 시는 자신을 담아내는 유일한 소통법이지만 이제부터는 대 자연 속에서 자아를 발견하고 스스로 행복하고 싶은 것이다.

자신의 삶에 햇볕과 물을 주는 소통의 방식이 곧 치유의 방식이 된다.

마침내 시를 통해 소통을 배우고, 삶의 무료함을 견디는 힘으로 작용한다.

역설적이지만 아프지 않으려고 자신을 벗는 개성적인 몸부림 속에 들어있다.

'발부리 적시다가 구르는 공의 선율을 따라 잔디밭 걷다가 햇살붓에 은빛 수제비 뜨는 이슬'〈필드에서〉처럼 시인은 삶의 굿샷을 날려 홀인원을 꿈꾼다.

> 농익은
> 웅변과
> 미사여구였습니까?
>
> 저렇게 지킨 환한 가을 들판
>
> 아닙니다.
> 저는 보았습니다.
> 꿰맨 옷에 덮으신 흠집
> 온갖 풍상에도 당신이 견디신 무언

이제 어깨를 내려야 할 시간입니다
그러나
고요한 빈들이 끝이 아닙니다

어떤 행위보다 눈부신 숨결,
침묵.
―〈무언의 허수아비〉 전문

먹구름 사이로 쏟아지는 햇살
사선의 온기
내리 사랑처럼 아래로만 강건하다

새보다 자유로워라
음악이 흐르는 어둑새벽
레일 위를
그리움의 바람이 불어온다

깨꽃 지조가 종을 울리고
둔덕에서 이슬 머금은 아스라한 망초꽃이 곁이 된
칠월 초록 논 가장자리에 백로가 쉬어가는
완벽한 영상 시는 또 어찌 표현해야 할까

새벽 열차는
그리움만 가슴에 싣고
'뒤돌아보지 마라.' 한다
우리 존재 어디로 가는지 아무도 모르지만
비상하라!
저 먼, 먼 하늘
저 새보다 자유로워라.
―〈레일 위로〉 전문

그녀의 시를 읽는 내내 마음 안에 소요하고 있는 하나의 생각이 '자연의 존재로서 살아가는 인간의 길은 무엇인가' 하는 것이었다. 자연의 흐름 속에 소요하는 삶을 사는 시인은 장자의 '무위자연無爲自然' 안에서 자신을 빚고 있다. 장자 〈내편〉 제일 소요유逍遙遊는 '자유롭게 이리저리 슬슬 거닐고 돌아다니며 놀고 있는' 뜻이지만 시인의 소요는 맑고 깨끗한 가벼운 발길로 자신을 성찰하는 자유다. 거짓되거나 헛되거나 하는 가식이 없이 있는 그대로의 모습으로 자신을 바라보는 일이다.

그의 시편들은 자연에 관한 법문 같아 독자로 하여금 지치고 힘들 때 힐링이 되어준다. '빈 벚나무 정수리 고요를 지나' '집착에서 옷 다 벗어 풀어놓은 저 범종소리'〈1월의 길상사〉 듣는 '생의 뒤란'에 따스한 서정으로 함께 피어나고 싶어지는 것이다. 이렇듯 스스로 거리낌이 없이 자유로운 시인은 여수 금오도 비렁길을 걸으며 생의 원형을 다시금 확인한다.

> 절벽이 가파를수록 포구는 더 둥그런 긍정으로 조각된 직포, 학동, 심포, 장지, 장지로 가는 새벽 언덕에 이슬이 등산화를 적시고 허벅지를 다 적셔도 좋은 허리까지 올라온 엉겅퀴, 풋풋한

으아리, 망초꽃 웃음, 누리장나무의 향이 손짓하
는 곳 회색 산토끼 부부 내려와 말을 건네는 순
수의 길

　등대가 그림처럼 선 포구마다 푸른 물결이 햇
살에 반짝이는 저 빛을 무어라 이름 붙일까 방
파제는 삶의 어떤 상황에서도 곧게 걸어가라 일
러주는 곳
　　　　　　－〈금오도 비렁길을 걸으며〉 부분

　세상사 다 내려두고 하늘까지 닿으려는 시인의 꿈
이 오버랩 되어 있다. '절벽이 가까울수록 포구가 더
둥그런 긍정으로 조각되는'에서 발견된 아포리즘적 삶
의 이해를 접하면서 연륜에서 묻어난 깨달음에 공감
하게 된다. 금오도 비렁길을 걸어본 사람이면 공감할
수 있는 원형질의 삶에 대한 의미체험이 아닐까 싶다.
　시를 어렵게 쓰는 것은 쉽다. 그러나 쉬우면서도
깊은 삶의 이해를 내포하고 있는 의미체험으로 시를
쓰는 일은 쉽지 않다.
　이 점이 이순희 시인이 독자로부터 사랑받는 이유
가 아닐까 싶다.

　그대 손을 잡고 싶은 날엔
　내 손도 비어 있어야 하리니

　소유의 손으로

또 어떤 고해를 그리려 하는가

물결과 물결이 몸을 섞듯
젖은 제 무게 덜어내고
파도꽃 피우는 사랑의 무늬를 보아라
두 눈 감고도
가득한
영혼의 소리 들려오지 않는가

피붙이가 삶의 울타리를
사리 때, 펄 등에 썰물 빠지듯
떠나간 많은 것들은
값진 우리의 어제 발자국이다

쏟아진 모래시계를 어찌 하겠는가
온종일 웃는 낯꽃을 피우고도
어떤 상황도 받아들이며
무릎까지 걷고 저녁노을 속을 걸어가는
등이 구붓구붓한 뒷모습을 보아라

갯바람 스치는 바닷가에 서서
시의 어깨 위에 얹은 손잡듯
두 손잡고 저물어도
아프지 않을
그리운 사람아

달도 떠서 이울고
시어끼리 만나 가슴을 넘나드는
오늘 밤처럼

유난히
그대 손을 잡고 싶은 날엔

내 손도 비어 있어야 하리니
        ―〈아름다운 동행·10〉전문

 '그대 손을 잡고 싶은 날엔 내 손도 비어 있어야 한다'는 이 한 구절로도 시인의 삶과 시의 전부를 환하게 들여다 볼 수 있을 것 같다. 그리움이니 무소유니 그리고 본래적 자아의 원형탐색이니 하는 것도 알고 보면 시인의 '빈손'의 의미체험과 맞닿아 있다.
 '시어끼리 만나 가슴을 넘나드는 밤'보다 더 아름다운 밤은 없을 것이다. 왜냐하면 시인의 시어가 지닌 진실성과 고요함으로도 충분히 삶의 무게를 덜어내고 파도꽃 피는 사랑의 무늬를 그릴 수 있기 때문이다.

 이순희 시인에게서 시는 곧 삶의 과거이고 현재이고 미래이면서 사랑이고 꿈이다. 그래서 그녀를 만나면, 그녀의 시를 만나면 마냥 편하고 행복해지는 것이다.

아름다운 안나푸르나

인 쇄 2015년 10월 1일
발 행 2015년 10월 6일
지은이 이 순 희
펴낸이 박 형 철
편집총괄 박 미 라
편 집 국 진 경
펴낸곳 (사)한림문학재단 · 도서출판 한림
광주광역시 동구 백서로125번길 11(금동)
(062)226-1810(代) · 3773 FAX 222-9535
E-mail hanlim66@hanmail.net
출판등록 제05-01-0095호(1990. 12. 14.)
공보처등록 바1717호(1992. 6. 2.)

값 12,000원
ISBN 978-89-6441-191-9 03810

* 이 책의 판매처 : 서울/ 교보문고(02-3973-667~8)
　　　　　　　　경기/ 인터파크(031-934-1228)
　　　　　　　　부산/ 동보서적(051-803-8000~2)
　　　　　　　　대전/ 문경서적